Les trajets de réalisation d’un projet communautaire

Collection « Études africaines »

dirigée par Denis Pryen et son équipe

Forte de plus de mille titres publiés à ce jour, la collection « Études africaines » fait peau neuve. Elle présentera toujours les essais généraux qui ont fait son succès, mais se déclinera désormais également par séries thématiques : droit, économie, politique, sociologie, etc.

Dernières parutions

Jean-Claude TCHEUWA (dir.), *Les organisations internationales africaines. Regards croisés et défis contemporains,* 2022.

Charlemagne SEGBEDJI, *Afro-brésiliens et processus de patrimonialisation dans le sud du Bénin. De la fin du XIX*[e] *siècle à nos jours,* 2022.

Guy Saturnin TSÉTSA, *Guide pratique de la saisie immobilière en droit Ohada*, 2022.

Ben Aymar BINASSOUA YEHOUESSI, *L'impôt en Afrique de l'Ouest francophone. L'exemple du Bénin,* 2022.

Fatoumata KABA, *Le droit minier et le droit au développement des communautés autochtones. L'exemple de la Guinée*, 2022.

Nico Shambouy MUAMBI, *L'impact de la décentralisation sur les municipalités en Afrique. Stratégies de développement local à Klouékanmè (Bénin)*, 2022.

Joseph ZIDI, *Histoire et usages du nom Kongo, Essai d'interprétation onomastique*, 2022.

Mohamed Ousmane KEITA, *Le Mali : l'État inachevé*, 2022.

Dominique OBA et Hilaire Kevin NZOUSSI, *Histoire de la République du Congo de 1958 à 2017*, 2022.

Saliou dit Baba DIALLO, *Vieillir en migration. Le cas des Soninké,* 2022.

Jean-Luc MOUTHOU, Hilarion Bagel MIZHAIRE, *Pointe-Noire, Dynamique spatiale et équipements urbains au Congo*, 2022.

Benjamin N. LAWRANCE, *Les Éwé sous le joug français. Le colonialisme périurbain au Togo (1900-1960)*, 2022.

Sylvain Shomba Kinyamba

Les trajets de réalisation d'un projet communautaire

De la conception à l'évaluation

Préface de Ides Nicaise

5-7, rue de l'École-Polytechnique – 75005 Paris
www.editions-harmattan.fr
ISBN : 978-2-14-026364-4
EAN : 9782140263644

Liste de sigles et abréviations

CDS : Chaire de Dynamique Sociale
KU Leuven : Université Catholique de Louvain
M.E.S. : Mouvements et Enjeux Sociaux
MOC : Mouvement Ouvrier Chrétien de Belgique
MOCC : Mouvement Ouvrier Chrétien du Congo
OM : Organisations Membres
OMS : Organisation Mondiale de la Santé
ONG : Organisation Non Gouvernementale
POA : Plan Opérationnel des Activités
RDC : République Démocratique du Congo
RNMA-PS/RDC : Réseau National Multi-Acteurs de Protection Sociale en République Démocratique du Congo
UNIKIN : Université de Kinshasa
WSM : We Social Mouvement

Préface

C'est avec fierté et gratitude que j'ai reçu et accepté sans hésitation, la sollicitation me faite par mon collègue, auteur de ce précieux ouvrage, d'écrire ces pages de prolégomènes. Ayant passé une partie de mon enfance à quelques centaines de mètres des locaux de la *Chaire de Dynamique Sociale* (CDS), je conserve en effet une affection spéciale à votre communauté, votre université alors Lovanium, la Faculté des Sciences Sociales où mon père a travaillé et enseigné de tout cœur durant plus de 25 ans. C'est donc avec joie que je m'apprête à célébrer avec vous, au mois de mai prochain – fût-ce-t-il à distance – votre jubilé de 20 ans d'existence, animés par une équipe stable et digne de ses réalisations, sous la baguette de Sylvain Shomba, un directeur dynamique et visionnaire.

Ce livre, *Les trajets de réalisation d'un projet de développement communautaire,* reflète bien l'identité de la CDS qui est au service du peuple, des petits gens qui luttent au jour le jour en faisant face à d'énormes défis économiques, sociaux, politiques et écologiques. Les recherches qu'elle mène sont d'une extrême pertinence. Elles prennent souvent la forme de recherches-actions, en combinant l'analyse scientifique avec la formation des groupes-cibles, en vue de renforcer leur capacité de résoudre – ou du moins atténuer – les problèmes étudiés. Trois illustrations suffisent pour nous en convaincre.

Commençons par les recherches qui visent à améliorer les conditions de vie des familles concernées, comme par exemple dans l'étude *Debout maman malewa* à travers les restaurants de rue.

Ensuite, enchainons avec celles axées sur *L'économie informelle,* secteur qui brasse environ 80% des activités économiques en RDC. Dans ce secteur, la CDS en partenariat avec son homologue Hiva KU Leuven, ont mené respectivement en 2016 et en 2020, des études fouillées à Kinshasa, Kisangani et Mbuji Mayi dont les résultats ont permis d'assurer l'accès à une base de données actualisées sur les réalités et les tendances de l'économie informelle et faciliter les échanges entre les chercheurs, les acteurs sociaux, les organisations de soutien, les pouvoirs publics, les organisations internationales et d'autres intervenants intéressés par l'économie informelle en RDC.[1]

Enfin, la CDS s'emploie également à des recherches qui relient la réalité locale aux défis mondiaux, comme dans la recherche sur l'impact de la pollution de l'air sur la santé publique à Kinshasa. Si à première vue ce dernier thème relève des sciences appliquées et/ou médicales, on ne peut y faire abstraction des relations néo-coloniales qui expliquent les délocalisations des industries les plus polluantes, ainsi que l'exportation des vieux véhicules polluants vers les pays pauvres – sans oublier les effets indirects des émissions massives de gaz à effet de serre au Nord du globe. Même au sein de Kinshasa, l'impact de la pollution est évidemment réparti de manière inégale entre les habitants, tout comme leurs comportements sont déterminés par leurs conditions socioéconomiques. Enfin, la protection de l'environnement pose la question de l'efficacité, l'intégrité et l'équité des politiques publiques, un sujet éminemment sociologique. Ici encore, la CDS ne se contente pas d'analyser : elle renforce la capacité des

[1] Les données sont logées dans un observatoire de l'économie informelle en RDC construit et géré par les deux Centres de recherche (https://hiva.kuleuven.be/en/research/theme/globaldevelopment/p/ObservatoireDR).

ONGs pour sensibiliser la population à modifier ses habitudes de traitement des déchets.

Bien assurément, ces recherches sont participatives. L'apport des acteurs non-académiques est omniprésent dans les méthodologies utilisées, par le biais des enquêtes, des focus-group, de la médiation, de la mise en œuvre des recommandations.

En effet, dans un pays où les ressources publiques sont très limitées et les politiques défaillantes, la société civile joue un rôle prépondérant. Cette collaboration étroite avec la société civile est d'ailleurs une caractéristique partagée entre la CDS et Hiva KU Leuven.

Chers collègues de la CDS, il nous reste à vous féliciter pour le travail accompli et pour votre renommée dans le domaine des sciences sociales. Nous vous souhaitons beaucoup d'énergie et d'intelligence pour continuer à assumer votre responsabilité de *guide* dans l'épanouissement social de votre pays.

Ides Nicaise
Professeur,
directeur de recherches
Hiva - KU Leuven

Avant-propos

L'initiative à la base de la publication du présent ouvrage a été sécrétée par un profond ressenti interne nous excitant d'observer un temps d'arrêt pour méditer sur le bout du chemin parcouru par la *Chaire de Dynamique Sociale*, en matière de réalisation des projets de développement, vingt ans après s'être maternée par *l'Institut pour le Travail et la Société -Hiva KU Leuven*, son fidèle partenaire depuis lors. Il s'agit là, d'un devoir de redevabilité en notre qualité de Directeur dudit Centre, à l'endroit non seulement de notre institution universitaire d'attache, de nos partenaires que sont les bailleurs de fonds octroyés à notre Centre que les acteurs sociaux, bénéficiaires des actions entreprises par la CDS, sans oublier ses équipes de chercheurs impliqués, de façon incessante, dans diverses études.

Certes, cette publication n'est pas la première du genre, car en 2011, une autre, intitulée *Chaire de Dynamique Sociale dix ans après : vers quelle destinée ?* avait vu le jour. Cette réflexion comme on peut bien s'en rappeler, avait essentiellement planché sur les phases de balbutiement, de croissance, d'obtention d'une adresse physique propre et fixe ainsi que de la consécration de sa reconnaissance tant juridique par les instances compétentes en RDC que scientifique par le monde académique. Aujourd'hui, l'intérêt est tourné plutôt vers l'envol de plus en plus manifeste pris par ce Centre que l'on ne présente plus au pays, et même au monde via l'internationalisation de sa revue désormais disponible en ligne.

La publication de cet ouvrage consacre la maîtrise des rouages de la conception et gestion de projet de développement communautaire par la CDS. Sa finalité consiste à renforcer les capacités de gestion des acteurs sociaux qui œuvrent dans le cadre des projets de développement (quel que soit le domaine), de former les débutants et de guider des virtuels acteurs. Il est une source certaine d'inspiration en matière de projet de développement communautaire. Ce livre présente de manière explicite et pédagogique, les principes et les actions à entreprendre dans ce cadre.

Mais pour y arriver, les concours de plusieurs personnes morales et physiques ont été indispensables. Nous saisissons cette opportunité pour leur rendre un hommage appuyé. Parmi les plus en vue, s'alignent :

- On ne nous empêchera pas de revenir sur Hiva KU Leuven qui, dès le départ a signé un partenariat institutionnel qui a bénéficié et continue de bénéficier à la CDS, à travers entre autres, des missions de recherche en Belgique et au Congo, des bourses d'étude pour les doctorants-chercheurs CDS, des études de terrain réalisées conjointement entre nos centres de recherche, des offres logistiques, etc. ;
- l'Université de Kinshasa (Unikin) qui nous a octroyé un terrain sur lequel a été bâti l'immeuble-siège officiel de la Chaire de Dynamique Sociale comportant une grande salle de conférence et plusieurs bureaux grâce à un appui financier obtenu auprès de *We Social Movement* par le truchement de Hiva KU Leuven. En plus, l'Unikin dont nous bénéficions des services d'une partie de son personnel académique et scientifique, ne nous met pas du tout des bâtons dans la roue. D'ailleurs, il ne saurait en être autrement lorsqu'on sait que ce personnel est avant

tout de vocation chercheurs et non de simples enseignants ;

- les bailleurs de fonds dont la liste s'élargit d'année en année, permettent à la CDS de matérialiser ses projets de recherche dans un pays où les pouvoirs publics ne s'en soucient guère. Leurs contraintes et rigueur de gestion de projet, nous transforment positivement chaque année et, chaque fois que l'on s'en sort, le Centre s'ajoute de la considération, de la notoriété ;

- les acteurs sociaux qui, de plus en plus, ne savent plus comment dissimuler l'intérêt qu'ils portent à la CDS en sa qualité d'interface université et société. Leur nombre toujours croissant, leur diversité en termes d'objet social, comme leur fidélité à notre Centre en témoignent ;

- les chercheurs, cheville ouvrière du Centre, qu'il s'agisse de ceux qui sont encore et toujours là, de quelques rares qui l'ont quitté pour une raison ou une autre, sans oublier ceux qui ont trépassé, sans lesquels cette publication n'aurait pas atteint une telle envergure.

Il s'agit certes, d'une œuvre signée par nous, mais qui revêt le statut d'un édifice commun. Dans leur rang, nous pensons plus particulièrement à ceux d'entre eux qui se reconnaitront à travers le chapitre V de cet ouvrage. Ils n'oublieront pas, nous en sommes convaincu, en notre qualité de chercheur principal, qu'ils nous ont généreusement accordé l'autorisation et le droit d'insérer la matière en question dans ce chapitre.

Il ne nous reste plus qu'à souhaiter à ce que cette œuvre qui marque les vingt ans d'existence et d'activités de la *Chaire de Dynamique Sociale,* atteigne le plus de lecteurs possible notamment dans la sphère de la société civile qui compte au Congo, un nombre infini de membres mais dont la majorité n'est pas apte à concevoir des projets bancables. Notre souhait le plus ardent est que cette œuvre marque positivement les esprits afin que l'apport des associations de la société civile complète de façon substantielle, la part du gouvernement qui tarde, malheureusement, à prendre de l'envol dans la perspective du développement national.

L'auteur

Introduction générale

La présente œuvre est une réponse à la hantise de savoir ce que la *Chaire de Dynamique Sociale* (CDS), a réalisé en tant que Centre de recherche assumant depuis vingt ans, le statut d'interface université et société en République Démocratique du Congo, dans le secteur de l'élaboration des projets de développement communautaire, censés libérer tant bien que mal, les populations congolaises enfoncées, de plus en plus, dans le désespoir, dans une crise multiforme.

Question complexe bien évidemment, mais à laquelle l'initiateur de la CDS répond naturellement dans cet ouvrage parce qu'elle émane d'un ressenti interne le responsabilisant de se regarder dans le miroir et de se prononcer si, oui ou non, il se reconnait vis-à-vis de l'atteinte par le Centre, de sa mission de la recherche pour le développement.

En effet, comme nous le savons tous, étant sortis d'une formation universitaire mouillée dans la rhétorique, la spéculation savante, la théorie que fut l'université congolaise d'alors-tradition qui demeure encore loin de disparaitre jusqu'à ce jour, l'animation de la recherche action ajoutée à la CDS en 2005 grâce au contact intéressé de partenariat avec Hiva KU Leuven,[2] investi dans cette

[2] Plusieurs chercheurs de Hiva dont Patrick Develtere, Ides Nicaise, Ignace Pollet, Bénédicte Fonteneau, Jan Van Ongevalle ont effectué à Kinshasa et même à l'intérieur du pays, des missions de recherche de terrain et/ou d'animation des séminaires méthodologiques aux côtés de leurs homologues de la CDS comme d'autres encore (Huib Huyse,

chaire depuis belle lurette, les chercheurs de la CDS ont dû se prêter à un apprentissage, heureusement, bien programmé et assumé.

Celui-ci est passé par une formation à la source[3], suivie d'une restitution dans la visée de formation locale du reste de chercheurs du Centre. Des applications concrètes qui se sont succédé dans la suite, ont, progressivement, permis d'installer les principes et la pratique de conception de projet dans l'enceinte de la CDS. Ce livre, se présente comme une occasion opportune de rendre au grand public, le degré d'aboutissement de l'écolage auquel les chercheurs de ce Centre se sont inscrits.

Certes, l'univers de projet de développement n'est pas fermé, mais son exploration nécessite une bonne guidance. Ce livre est publié pour répondre à cette exigence, mieux à cette attente. Dans les rangs des Congolais, la création sans cesse des associations sans but lucratif de lutte pour l'amélioration des conditions de vie des masses populaires relève d'un fait divers au point d'avoir conféré à leur pays le surnom d'un Etat d'*ongeneïsation.* Mais seulement voilà, la plupart d'ONG, sont créées dans l'objectif de recevoir des appuis, de la part des institutions nationales ou internationales, à travers des projets sans être, en général, suffisamment aptes à les concevoir et surtout à bien les gérer de bout en bout. Ce qui ne leur permet pas de tirer leur épingle de jeu. La suite, on peut l'imaginer facilement, c'est une abdication. D'autres, se victimisent tout simplement en se convainquant que l'obtention d'un financement pour des projets de développement communautaire est aléatoire, c'est-à-dire fonction de chance, de recommandation de la

---

Vincent Dupont) qui ont accueilli et travaillé avec des chercheurs de la CDS à la KU Leuven.

[3] Accueil et prise en charge intégrale (bourse) par Hiva KU Leuven pendant 6 mois, en 2007 pour une formation spécifique à la matière.

part d'un parrain qui compte ou de la grâce du Seigneur. Cette idéologie est d'ailleurs vivante au pays.

Or, il y a, pour le Congo, des fonds annuellement mis par des institutions diverses, à la disposition des projets bancables pour des auteurs crédibles. Cependant la plupart d'ONG par manque d'expérience et de compétence en matière de formulation des projets bancables, peinent à satisfaire aux exigences des bailleurs, par conséquent, se voient privées de financement. Avec l'avènement de cette publication, nous espérons que la *fétichisation* de l'accès au financement servant à l'exécution des projets de développement communautaire va s'estomper.

Ainsi que nous pouvons nous en apercevoir, les projets de développement communautaire nous plongent dans l'univers de la société civile devenue, en RDC, une force importante qui prend place notamment aux côtés du gouvernement, des instances du marché, c'est-à-dire des institutions clés qui influent, chacune en fonction de sa vocation, sur la vie des populations congolaises. C'est sous cette optique que Lehning P.B.[4] fait observer que beaucoup de sociétés sont aujourd'hui confrontées... à une question politique identique : comment ménager la tension entre la sphère privée et la sphère publique, entre l'individu et le social, entre l'éthique publique et les intérêts privés ? Répondant à sa propre interrogation, l'auteur pense qu'en dépit de leurs différences, ces sociétés partagent une perspective commune : la société civile est considérée comme *un médiateur potentiel* entre ces forces opposées qui représentent une menace pour la stabilité et la cohésion sociale.

---

[4] P.B. LEHNING, « Towards a multi-cultural civil society : the role of social capital and democratic citizenship » in A. Bernand, H. Helmich et P.B. Lehning, *Civil Society and International*, Paris, OCDE, North/South Institute, 1998, p.27.

Avec le temps, selon Gautier Pirotte, la notion de société civile peut être employée aujourd'hui pour signifier un lieu de contestations ou d'oppositions, ou encore d'innovation sociale. Bref, elle charrie l'idée de contre-pouvoir, de réservoir potentiel des luttes politiques ou facilitateur de la régulation publique.[5]

De manière générale, en RDC, les géniteurs des projets de développement communautaire en font une activité par laquelle des institutions font transférer des ressources financières et logistiques capables de contribuer tant soi peu à l'amélioration des conditions de vie des communautés. D'ailleurs, au-delà des capitaux financiers sont également transférées des compétences, des pratiques, des technologies, voire des valeurs.[6]

Ce livre prend en charge, tout membre de la société civile, individu ou personne morale (ONG, associations) désireux de réussir dans ce secteur. Aussi, alterne-t-il, ses chapitres, du reste nombreux, huit au total, entre théorie, pratique et résultats inscrits dans l'itinéraire de réalisation de projet. Il mène le lecteur de la conception au suivi jusqu'à l'évaluation des activités d'un projet accompli, en passant par sa mise en œuvre.

Les illustrations concrètes de ces trajets ont été puisées de l'un des projets parmi les plus récemment réalisés par la CDS. Ce choix a été, non seulement opéré en raison de l'actualité de la thématique abordée, mais aussi au regard de l'extrême dangerosité que représente l'objet au centre de cette étude, à savoir : *l'impact des effets de la pollution de l'air à Kinshasa*. C'est donc parmi tant d'autres projets que ce virus environnemental qui tue de façon silencieuse, à hauteur de 51,63% par rapport à toutes les autres maladies

---

[5] G. PIROTTE, *La notion de société civile,* Paris, La Découverte, 2007, p.4.

[6] O. CHARNOZ et J.-M. SEVERINO, *L'aide publique au développement,* Paris, La Découverte, 2007, p.3.

d'origines diverses réunies à Kinshasa[7], a fait positionner les résultats de cette étude pour servir de référentiel à notre propos.

Pourtant limité essentiellement à sa composante de recherche action, reléguant les deux autres (recherche théorique et formation-renforcement des capacités) à des futures publications analogues, ce premier volume ne manque pas de matières. Dans son articulation, il réunit huit chapitres dont le lien à travers leur succession assure le continuum du point de vue du cheminement de la pensée.

Cet ouvrage s'ouvre par un balisage conceptuel qui éclaire les contours et les significations des termes clés pour éviter des ambiguïtés dans le développement des idées (i). Sa suite fait une brève présentation de la *Chaire de Dynamique Sociale,* auteure des activités sous examen dans cette publication (ii). En troisième lieu, sont exposés les principes de conception d'un projet de développement communautaire (iii) concrétisés par une illustration de conception d'un projet de développement communautaire portant sur la pollution de l'air à Kinshasa (iv) dont les résultats concrets à l'issue de l'exécution consacrent l'intérêt de la recherche action pour la prévention des risques contre la santé (v). Les principes de suivi des activités d'un projet de développement communautaire sont dévoilés (vi) et illustrés par la surveillance portée sur l'exécution progressive du projet de pollution de l'air à Kinshasa (vii). Le clou de cette longue série de chapitres, énonce les principes et présente les pièces d'évaluation d'un projet accompli (viii).

Une conclusion brève met un terme à cette étude qui reprend une annexe qui livre l'inventaire des projets de développement communautaire conçus et conduits par la CDS.

---

[7] L. LOMBO SEDZO, Enquête menée dans la commune de Kasa-Vubu 1995-1996.

Chapitre I
BALISAGE CONCEPTUEL

Introduction

Cette première partie par laquelle s'ouvrent les propos développés dans ce manuel, ne s'inscrit pas dans une perspective académique qui fait de la revue de la littérature, un point à débat généralement spéculatif dominé par un inventaire des querelles infinies entre auteurs. Elle tente, avant que ne soit abordée la quadrilogie d'étapes de projet, à savoir : conception, mise en œuvre, suivi et évaluation, de circonscrire brièvement leurs significations et leurs contours respectifs en tant que concepts clés en vue de baliser la compréhension des différents points qui suivent. A ces trois termes de base, s'ajoutent trois autres qui leur sont connexes.

Pour chacun, l'exposé se limite à l'essentiel, c'est-à-dire à une explicitation terminologique, à un bref historique, à la fonction jouée et à une typologie des réalités exprimées par le terme correspondant.

1.1. Projet

Avant de le définir, commençons par célébrer l'actualité dont jouit, de nos jours, la notion de projet. En effet, nos sociétés contemporaines sont devenues des *sociétés à projets*. Les projets concernent autant les institutions que les individus, à tous les stades de la vie. Il semble alors devenu un instrument qui donne l'espoir à l'homme de ne plus seulement subir les évènements, mais de pouvoir maîtriser le cours de l'histoire et forger le futur à sa façon. De quoi parle-t-on exactement ? Que se cache-t-il réellement derrière ce mot magique, supposé constituer un remède miracle pour les hommes et les organisations depuis le siècle dernier ?[8]

En réponse à ce propos interrogatif, étymologiquement, le terme *projet* provient du mot latin *projectum,* de *projicere*, « jeter quelque chose vers l'avant » dont le préfixe *pro-* signifie « qui précède dans le temps » (par analogie avec le grec πρό) et le radical latin *jacere* signifie « jeter ». Ainsi, le mot « projet » voulait initialement dire « quelque chose qui vient avant que le reste ne soit fait ».[9]

De manière plus expressive, pour Judith Gbêtowènonmon Konyaolé, un projet est un ensemble d'activités interdépendantes, entreprises et circonscrites dans un temps défini en vue de résultats permettant d'atteindre l'objectif souhaité en répondant aux besoins identifiés. S'appuyant sur les Institutions Internationales, l'auteure précise qu'un projet est un ensemble organisé d'activités et de procédures conçues pour réaliser des objectifs spécifiques à l'intérieur des limites de budget, des ressources et de délais préétablis. C'est donc la réalisation d'une activité dans le futur qui se caractérise par une envergure (moyens) et une ou plusieurs finalités (objectifs).[10]

Plus spécifiquement, dans le contexte de la présente étude, un projet de développement communautaire se conçoit comme une action réalisée dans un objectif socio-économique orienté vers la satisfaction d'un besoin collectif de base (alimentation, santé, éducation, travail,

---

[8]https://www.techno-science.net/glossaire-definition/Projet.html, consulté le 01 mai 2021.

[9] https://www.techno-science.net, *Op.cit.*

[10] J. GBETOWENONMON KONYAOLE, Le suivi financier du projet de développement pendant son exécution ainsi que les procédures d'utilisation des Fonds Banque Mondiale, PNUD, UNICEF, mémoire de DEA en Ingénieur commercial, Ecole Supérieure de Commerce et de Management d'Afrique, 2001.

infrastructures de base, information, connaissances, etc.) d'une communauté d'hommes et de femmes leur permettant de s'épanouir dignement. Il tente d'en valoriser les qualités (ressources, atouts, valeurs), d'en minimiser les handicaps, d'en contourner les contraintes. Il implique des groupes d'intérêts divers, notamment des membres de la communauté, des autorités locales et des agents externes d'appui technique et financier.[11] Il s'agit, en définitive, d'un plan qui vise l'amélioration des conditions et du niveau de vie des populations locales, des communautés. Qu'en est-il alors de la typologie de projet ?

La littérature reprend une diversité de types de projet classifiable en deux groupes : projets de développement et projets de recherche. Pour rester dans le fil conducteur de cette publication, nous ne planchons que sur le premier type cité qui, à son tour, d'un point de vue anthropologique, se profile en quatre modes[12] :

- le projet sur l'autre selon le modèle de la commande sociale ;
- le projet pour l'autre selon le modèle paternaliste ;
- le projet avec l'autre selon le modèle participatif ;
- le projet de l'autre selon le modèle de l'autonomie.

Nous inscrivant dans le registre des projets appuyés par la Coopération au développement, c'est le projet avec l'autre selon le modèle participatif qui fait l'objet de ce

---

[11] N. FONTIL, Projet de développement communautaire en Haïti : Méthodologie d'analyse des besoins locaux, Master en Développement-Management de Projet, Université Senghor d'Alexandrie, 2009.

[12] J.-P. BOUTINET, https://www.techno-science.net/glossaire-definition/Projet.html, consulté le 01 juin 2021.

manuel. Mais comment élabore-t-on un projet ? La suite à cette interrogation est donnée au point qui suit.

1.2. Conception de projet

Intercalée entre la définition originelle et la conduite à proprement parler des opérations, l'étape de conception de projet tient une place centrale, au propre comme au figuré dans la démarche de sa réalisation. En effet, sa finalité est la préparation et l'organisation de la mise en œuvre des éléments précédemment définis. La conception est cette étape qui structure, organise et planifie le projet.[13]

D'ores et déjà, il transparait que tout projet implique une conscience venue du temps englobant le passé, le présent et l'avenir dans une même vue… Il s'agit expressément de verbaliser l'idée, d'en préciser et d'en arrêter une expression partagée par les porteurs de projet.[14]

En tant qu'objet d'organisation de la pensée, tout projet commence par une idée d'action traduisant une intention. En effet, « la conception de projet permet à son initiateur de structurer sa démarche et de la rendre intelligible à son regard et à celui des autres. Alors le passage à l'écrit aide l'initiateur à éclaircir ses idées et aussi à se poser toutes les questions essentielles ».[15]

Cette étape se caractérise par la concrétisation de l'idée. Elle permet de traduire le scénario sélectionné, ou la maquette présentée dans l'étape de faisabilité, en un ensemble de tâches placées dans un ordre chronologique. Dès lors, il est possible lors de cette étape, de dimensionner

---

[13]https://www.manager-go.com/gestion-de-projet/conception.htm, consulté le 02 juin 2021

[14]https://modules-iae.univ-lille.fr/M06/cours/co/ch1_03_etape3_01_def.html, consulté le 03 juin 2021 ; lire également W. O'SHAUGHNESSY, *La conception et l'évaluation de projet*, Suisse, Les Editions SMG, 2006

[15]https://wiki.labomedia.org/index.php/La_conception_d%27un_projet.html, consulté le 02 juin 2021

le projet au niveau financier, humain, matériel et temporel.[16]

De manière plus élaborée, la conception d'un projet est un acte de management intellectuel avec des objectifs, une stratégie de réalisation, des moyens, des plans de mise en œuvre, un coût, un contrôle de réalisation, des évaluations de résultat et des mesures de suivi.[17]

Comme nous pouvons nous en rendre compte, la conception est une étape cruciale pour la préparation de la mise en œuvre du projet. Au terme de cette étape, les initiateurs sont en capacité de prendre une décision circonstanciée et argumentée sur le passage à la réalisation du projet. Cette phase de décision est d'autant plus importante qu'elle caractérise une certaine irréversibilité du projet.[18]

En définitive, concevoir un projet signifie archiver l'intention, l'idée de sa production prochaine, décrire le passage à la réalisation du projet. La conception d'un projet consiste donc à produire la matière du projet, ses plans de mise en œuvre, les stratégies de sa réalisation et les mesures de suivi de l'exécution des différentes phases d'activités.

1.3. Mise en œuvre et exécution des activités de projet

Concevoir un projet est une chose, en assurer la mise en œuvre et l'exécution de ses activités, en est une autre. Cette étape sert à l'explicitation des rôles dévolus aux différentes parties prenantes du projet, à leur responsabilisation respective et à la mise en exécution progressive des activités.

---

[16] https://modules-iae.univ-lille.fr/M06/cours/co/ch1_03_etape3_01_def.html, *op.cit.*

[17] https://wiki.labomedia.org, *Op.cit.*

[18] https://wiki.labomedia.org, *Op.cit.*

Aussi, à la suite de Fréderic Canevet, nous savons qu'une exécution efficace de projet passe par une combinaison harmonieuse des étapes ci-après :

- découper le projet et définir la liste des tâches ;
- définir l'enchaînement logique des tâches ;
- ajouter les durées et les contraintes sur certaines tâches et intégrer des tâches externes ;
- définir et attribuer les ressources ;
- planifier et assurer un suivi progressif de l'exécution des activités du projet.[19]

En sus, mettre en œuvre un programme, un plan ou un projet signifie actionner de façon cohérente, les différentes articulations qui fondent son essence. En termes simples, c'est le passage de l'idée à la matérialisation progressive d'une série d'activités dûment planifiées. Cette étape marque le démarrage effectif du processus de réalisation du projet.

1.4. Suivi de projet

Substantif du verbe suivre qui signifie aller derrière quelqu'un qui marche, quelque chose qui avance, la notion de suivi affiche une fausse apparence quant à son entendement. Ainsi que nous allons nous en rendre compte, ce terme revêt plusieurs acceptions. D'entrée de jeu, sachons que dans tous les domaines de l'activité humaine organisée, le suivi s'impose au quotidien, car il ne suffit pas,

---

[19] F. CANEVET, Les 6 étapes incontournables pour bien gérer un projet !, consulté sur https://www.conseilsmarketing.com/promotion-des-ventes/les-5-etapes-incontournables-pour-bien-gerer-un-projet/, le 03/06/2021 ; lire aussi CHAPLOWE SCOTT, G., *Planifier le suivi et l'évaluation,* Washington, Série de modules sur le S&E, Croix Rouge américaine/CRS. 2008.

comme le fait remarquer Pierre Kamtchouing, de monter et exécuter un projet pour être sûr du résultat escompté.[20]

Sans prendre le risque de nous enliser dans des spéculations érudites, examinons les sens parmi les plus courants conférés au terme suivi. Selon la Banque mondiale, le suivi est un processus continu de collecte et d'analyse d'informations, pour apprécier comment un projet est mis en œuvre, en comparant les résultats obtenus aux performances attendues.[21] De manière plus ramassée, Verrière considère le suivi comme une démarche de gestion et de connaissance approfondie, évolutive et critique de l'action en cours de réalisation.[22] En des termes davantage explicites, pour le Pnud, le suivi est un processus itératif de collecte et d'analyse d'informations pour mesurer les progrès d'un projet au regard des résultats attendus. Il fournit donc aux gestionnaires un retour d'informations régulier qui peut aider à déterminer si l'avancement du projet est conforme à la programmation.[23]

Enfin, selon Casley et Kumar, retenons que le suivi est une estimation continue du fonctionnement des éléments du projet dans le contexte de calendriers d'exécution et de l'emploi des apports par les populations visées en fonction des prévisions établies au moment de la conception. C'est une activité interne du projet, un élément essentiel d'une

[20] P. KAMTCHOUING NOUBISSI, La pratique du suivi évaluation dans les projets de développement au Cameroun, Master en Développement de Projets, Université Senghor d'Alexandrie, 2009, p.18.

[21] Banque mondiale., Séminaire de formation en suivi évaluation, Niger, 2008.

[22] V. VERRIÈRE, Le suivi d'un projet de développement : démarche, dispositif, indicateurs, Paris, 2002, p.62.

[23] Pnud et Fem., Dossier d'information sur le suivi évaluation, consulté sur http://.undp.org/sgp/index.htm

bonne gestion qui, par conséquent, fait partie intégrante de la gestion quotidienne.[24]

De ce qui précède, pour nous, le suivi passe pour une vague sans tambour battant d'évaluations successives des activités du projet en termes du respect de chronogramme et des performances réalisées par rapport aux prévisions et aux attentes investies. Le suivi est donc un déclinatoire dans la réalisation de projet.

Avant de conclure ce point, revenons une fois de plus à Casley et Kumar, qui résument de manière saisissante, le rôle du suivi qui consiste, en fait, d'après eux, à assurer un contrôle continu et systématique des activités et des résultats du projet par la surveillance, la vérification et la maîtrise du processus de mise en œuvre tout au long de son exécution.[25] Il s'agit, poursuivent les auteurs, de vérifier si les ressources humaines, matérielles et financières mises en place sont bien définies, administrées et judicieusement utilisées. Dans ce contexte, l'objectif principal du suivi est de constater les anomalies, tirer la sonnette d'alarme et attirer l'attention des décideurs du projet lorsqu'il y a déviation ou dérapage par rapport aux buts initiaux et aux incidences désirées, afin qu'ils puissent y apporter des solutions pour un nécessaire réajustement.[26]

En définitive, retenons que le suivi permet d'identifier et de résoudre les questions qui peuvent entraver la progression des activités planifiées du projet et par conséquent, d'effectuer des ajustements nécessaires pour corriger les déviations du plan et assurer la marche en avant des activités du projet.

---

[24] D.J. CASLEY, K. KUMAR, *Suivi et évaluation des projets agricoles*, Economica, Banque mondiale-FIDA-FAO, Baltimore, 1987, p.26.

[25] Idem, p.33.

[26] D.J. CASLEY, K. KUMAR, *Op.cit.,* p.41.

Certes, on ne peut qu'être confiant dès lors que l'on s'engage à conduire un projet bien conçu, mais comme le rappelle un vieil adage, la confiance n'exclut pas le contrôle. C'est pour cela que le suivi n'est autre chose que la surveillance des trajets à parcourir en vue de faire aboutir le projet à bon port.

Pour conclure, retenons que la littérature distingue deux types de suivi : le suivi des réalisations et celui du déroulement des activités du projet.[27] Les deux se trouvent au cœur de ce manuel. Commençons par le suivi du déroulement qui, logiquement, précède celui des réalisations.

En effet, le *suivi du déroulement* permet d'examiner et de vérifier le degré d'efficacité des méthodes et outils utilisés dans le suivi de la réalisation du projet. Il étudie également l'attitude des bénéficiaires tout au long du projet, ainsi que la qualité du produit et /ou du service fourni(s), il est aussi question de voir comment l'environnement externe affecte la mise en œuvre normale du projet.[28] Il s'agit ici d'un regard permanent ou quotidien braqué par les conducteurs de projet à la fois sur la compatibilité de leur méthodologie de travail, sur les effets de la participation de la population cible et sur comment les incidences des contingences sociales se répercutent sur l'exécution régulière des activités du projet.

Quant au *suivi des réalisations*, il consiste à vérifier dans quelle mesure les ressources du projet sont employées en se référant au budget alloué et au calendrier prévu. Il vérifie aussi si les résultats sont obtenus dans les délais et s'ils tiennent compte de l'efficacité et de l'efficience dans la gestion. Enfin, ce type de suivi cherche à identifier les problèmes et à les corriger immédiatement.[29] En interne, la

---

[27] VERRIÈRE, *op.cit.,* p.71.

[28] P. KAMTCHOUING, *Op.cit.* p.27.

[29] Idem, p.45.

CDS cumule habituellement les deux types de suivi. De l'extérieur, elle se voit renforcer dans cet exercice par les contraintes de diverses institutions qui lui apportent des appuis tant logistiques que financiers dans le cadre de la réalisation de nombreux projets à intérêt communautaire. Pour chaque projet, la CDS se sert d'un tableau de bord, une boussole, qui est un document constitué d'un ensemble d'indicateurs permettant au gestionnaire du projet de surveiller, contrôler, voire maîtriser l'avancement de celui-ci et les aléas qui l'entourent.[30] Passons à présent, à la dernière étape de réalisation de projet qui consiste à certifier, à terme, la qualité du travail accompli.

1.5. Évaluation de projet

Comme pour les autres concepts, le terme évaluation est loin d'afficher une signification univoque. Dans sa série, s'aligne d'abord la Banque mondiale qui considère l'évaluation comme une mesure, aussi systématique et objective que possible, des résultats d'un projet, d'un programme ou d'une politique en vue de déterminer sa pertinence, et sa cohérence, l'efficience de sa mise en œuvre, son efficacité et son impact ainsi que la pérennité des effets obtenus.[31]

Ensuite, dans le même ordre d'idées, Laurence Levrat-Pictet conçoit l'évaluation comme une fonction qui consiste à porter une appréciation aussi systématique et objective que possible, sur un projet en cours ou achevé, un programme ou un ensemble de lignes d'actions, sa conception, sa mise en œuvre et ses résultats. Il s'agit de

---

[30] H.P. MADERS, E. CLET, *Pratiquer la conduite de projet*. Editions de L'organisation, 2005.

[31] Banque mondiale, *Op.cit. ;* lire aussi utilement P. KNOEPFEL et M. MÜNSTER, *Guide des outils d'évaluation de projets selon le développement durable*, Berne, Office fédéral du développement territorial (ARE), 2004.

déterminer la pertinence des objectifs et leur degré de réalisation, l'efficience au regard du développement, l'efficacité, l'impact et la viabilité.[32]

De ces deux significations du terme évaluation, il ressort que l'appréciation de l'atteinte ou non des objectifs assignés à un projet donné, est indispensable, car elle installe le sentiment d'accomplissement de soi, en cas de succès, dans le chef de ses réalisateurs ou de sentiment de responsabilité doublé du devoir de s'améliorer à l'avenir, en cas d'échec. En outre, cette appréciation critique porte sur des indicateurs objectifs sur base desquels l'évaluation se prononce sur la qualité, le degré de réalisation du projet et son impact sur la situation des populations bénéficiaires des dividendes.

1.6. Développement communautaire

Sous cette rubrique, il ne nous vient pas à l'esprit de nous aventurer sur un terrain à la fois complexe et glissant qu'est la définition du terme développement, considéré à juste titre comme l'un des plus polysémiques dans la littérature scientifique. Retenons toutefois, que par développement, en son sens général, on s'accorde plus ou moins qu'il désigne tantôt un état, tantôt un processus, connotés l'un et l'autre par les notions de bien-être, de progrès, de justice sociale, de croissance économique, d'épanouissement personnel, voire d'équilibre écologique.[33]

---

[32] L. LEVRAT-PICTET, Mesurer l'impact d'un projet éducatif. Une gestion de projet orientée sur les résultats, Booster Bridge, 2017, p.5. consulté en ligne sur :
https://www.education21.ch/sites/default/fiBooster%20Bridge.pdf ;
lire aussi Comité d'Aide au Développement, Principes pour l'évaluation de l'aide au développement, Paris, Organisation de Coopération et de Développement Économique, 1991, p. 5.

[33] G. RIST, « Le développement. Histoire d'une croyance occidentale », in *Références*, Paris, Presses de Sciences Po, 2013, pp. 33-60.

Ainsi que l'indique clairement le point au pied duquel le débat s'invite, nous nous limitons à circonscrire la signification qu'il y a à donner sur *le développement communautaire*. Son intérêt dans ce livre consiste à spécifier, autant que possible, les regroupements assimilables à la notion de communauté.

En RDC, cela peut renvoyer d'abord naturellement, à des regroupements à caractère ethnique et secondairement à caractère résidentiel (ville, commune, quartier), à caractère associatif (Ong, asbl, entreprise), à caractère de vulnérabilité (femme, enfant) ou générationnel (vieillard, jeune, orphelin).

En effet, chacun de ces regroupements parmi tant d'autres, peut se retrouver face à des entraves qui plombent l'amélioration de sa qualité de vie et cela peut nécessiter le recours à l'un ou l'autre projet capable de lui apporter des solutions spécifiques. C'est là, le lien à établir entre projet et développement communautaire. Mais que signifie cette expression ?

Autrement appelé *développement local*, le développement communautaire renvoie à un ensemble des procédés par lesquels les habitants d'un pays[34] (d'un quartier, d'un mouvement associatif, ajouté par nous) unissent leurs efforts à ceux des pouvoirs publics en vue d'améliorer la situation économique, sociale et culturelle des collectivités, d'associer ces communautés à la vie de la nation et de leur permettre de contribuer sans réserve aux progrès du pays.

Dans le contexte précis des projets conduits par la CDS, les apports financiers et logistiques proviennent généralement, n'ont pas des pouvoirs publics congolais,

---

[34] Organisés, encadrés et accompagnés par la société civile. C'est d'ailleurs, dans ce contexte que les projets de développement communautaire entrepris par la CDS s'inscrivent.

mais plutôt des institutions internationales multi ou bilatérales sous le label de coopération au développement.

Pour que ces interventions aient un impact palpable et durable, Il faut impliquer la communauté dans la conception et la planification initiales de tout le cycle de projet mais aussi dans les prises de décision, pour garantir que la planification réponde bien à la situation locale.[35]

Après ce balisage conceptuel destiné à éviter des ambiguïtés dans la suite des chapitres rentrant dans la matière ciblée par cet ouvrage, passons à présent au chapitre suivant axé sur une brève présentation du Centre de recherche *Chaire de Dynamique Sociale* dont le livre inventorie les expériences, les compétences, les résultats accumulés depuis deux décennies sur la conception, le suivi et l'évaluation des projets de développement communautaire.

---

[35] E-S. GODDARD, *Principes et pratiques pour un développement communautaire durable*, Paris, 2005

Chapitre II
BREVE PRESENTATION DE LA CHAIRE DE DYNAMIQUE SOCIALE

Introduction

Ce livre livre l'expérience de deux décennies de conduite des projets de développement communautaire par le Centre de recherche-*Chaire de Dynamique Sociale* (CDS). Il va de soi qu'au-delà de toutes les matières à aligner dans cet ouvrage, une présentation succincte du Centre lui-même s'impose.

Sans verser dans le débordement, cette présentation prend en son compte la genèse du Centre avant de survoler successivement, les principaux acquis de la CDS dans ses volets recherche théorique, recherche pour le développement et renforcement des capacités des mouvements associatifs. Sur chacune de ces trois branches, l'exposé s'arrête à l'essentiel en rapportant les détails illustratifs en annexes. La charpente de ce chapitre se trouve ainsi, tout au moins de façon implicite, déclinée.

I. Genèse et objectifs du centre de recherche

1.1. Genèse

Le contexte de création de la *Chaire de Dynamique Sociale* renvoie à la longue période de la décennie 1990 au cours de laquelle la République Démocratique du Congo, alors République du Zaïre, se trouvait confrontée à un embargo lui décrété par la communauté internationale à la suite du constat de l'absence de la démocratie, le non-respect des droits de l'homme, une mauvaise gouvernance à l'origine d'une situation socioéconomique très précaire et au *massacre* des étudiants de l'Université de Lubumbashi qui a servi de goutte d'eau ayant débordé le vase.

Depuis lors, l'Université congolaise s'est retrouvée délaissée d'un côté, par les pouvoirs publics qui s'étaient manifestement désengagés bien avant, de l'autre par la rupture de la coopération ci-haut évoquée. Dans une profonde léthargie, l'université a été réduite, toute proportion gardée, à une simple école pédagogique où l'on ne faisait plus qu'enseigner.

Ce malheureux constat a été solennellement fait à l'occasion de la commémoration du cinquantième anniversaire de l'université congolaise (2004) au cours de laquelle les évaluateurs réunis dans un congrès national au palais du peuple à Kinshasa, ont particulièrement dénoncé le fait pour l'université congolaise d'être restée dans sa tour d'ivoire, trahissant du coup, sa troisième mission qui consiste à rendre service à la société dont elle est l'émanation. Une société du reste qui croupit, jusqu'à ce jour, dans une crise multiforme.

En révolte contre cet état des choses, partant de son enseignement théorique de dynamique sociale et culturelle alors inscrit au programme de deuxième licence en anthropologie et en sociologie à l'Université de Kinshasa, le Professeur Sylvain Shomba Kinyamba, a eu l'idée et l'initiative de créer, en août 2001, le Centre « Chaire de Dynamique Sociale », CDS en sigle désormais célèbre, rayonnant tant au niveau national qu'international.

À son tout début, la CDS a été logée au bureau de son initiateur, n°3, local 56, à l'immeuble de la faculté des Sciences Sociales, Administratives et Politiques et de celle des Sciences Économiques et de Gestion, avant de déménager en 2010, à son siège actuel, sis n°3 route de l'ouest, campus de l'Université de Kinshasa.

En cette période, le Centre s'attelait essentiellement à la gestion et à la publication de sa revue bimensuelle déjà citée. Sans compter les chercheurs, à ce stade, son personnel était réduit à un directeur, un secrétaire et un informaticien.

C'est par la suite, devenant de plus en plus complexe, que le centre verra son organigramme s'élargir à un directeur, un responsable des projets, un responsable de services administratif et financier, un superviseur des activités, un secrétaire et un comptable. Après, se sont ajoutés, d'abord, le département de la recherche action en 2005 en réponse à l'interpellation de 2004 intervenue contre l'université congolaise, repliée sur sa tour d'ivoire et ensuite, le département de renforcement des capacités de la société civile à partir du tout premier projet exécuté en partenariat avec une équipe de chercheurs de Hiva KU Leuven.

En effet, le véritable envol de la CDS en tant qu'asbl de service, interface université et société, est parti de la rencontre en 2005, entre Patrick Develtere, alors Directeur de Hiva KU Leuven et Sylvain Shomba Kinyamba, Directeur de la CDS. Se trouvant en mission à Kinshasa dans le cadre du partenariat scellé entre le Mouvement Ouvrier Chrétien de Belgique et le Mouvement Ouvrier Chrétien du Congo, Patrick Develtere a proposé à son collègue de la CDS qui a accepté, de conclure une collaboration institutionnelle entre leurs centres de recherche respectifs.

La mission de service effectuée en septembre 2005 en Belgique par le Directeur de la CDS, a servi d'occasion rêvée pour la signature de cette collaboration et l'obtention d'un financement de la part du gouvernement Flamand ayant permis de lancer la première étude entreprise conjointement entre ces deux institutions de recherche pour le développement. Depuis lors, liées en un partenariat institutionnel, elles ne se sont pas quittées.

D'ailleurs, c'est grâce à ce partenariat que participant à un concours des absl en lien avec le Mouvement Ouvrier Chrétien de Belgique (MOC) sur le projet idéal d'une asbl, à l'occasion de la mise en retraite de son président d'alors, le directeur de la CDS, lauréat de la circonstance, a obtenu un fonds qui a permis de construire, en 2010, le siège actuel de la *Chaire de Dynamique Sociale.* Quatre ans plus tard, considérant l'étroitesse de la salle de conférence, le directeur de la CDS a levé l'option et mis ses moyens personnels pour l'extension de cette salle à ses dimensions actuelles.

1.2. Objectifs

La ratification du projet de partenariat entre la CDS et Hiva-KU Leuven mérite d'être évoquée dans la mesure où les objectifs assignés à ce partenariat ont fait bénéficier à plusieurs acteurs de la société civile congolaise de l'expertise de la CDS. Parmi ces objectifs, citons :

- affirmer l'interface université – société au Congo ;
- renforcer les capacités des acteurs de la société civile dans leur lutte contre la pauvreté, les inégalités, l'ignorance ;
- rentabiliser leurs contributions au développement communautaire en RDC ;
- optimaliser les résultats des enquêtes contre les entraves de la protection sociale en RDC et proposer chaque fois, les meilleures alternatives possibles de développement.

Passons à présent au second point, le plus costaud et le plus complexe par rapport à un simple rappel de la création du Centre repris ci-dessus. En annonçant le point qui suit, à ce jour où la CDS vient d'atteindre 20 ans d'existence avec un fonctionnement sans discontinuité de tous ces trois départements sus-évoqués, il est difficile de lister surtout dans le contexte du présent manuel, ses réalisations de façon exhaustive. Toutefois, quelques indications marquantes peuvent être esquissées. Nous ne perdons pas de vue non plus, comme déjà annoncé dans l'introduction de ce chapitre, que des matières y relatives sont renvoyées aux annexes.

II. Réalisations et impact

On serait tenté de s'interroger sur l'intérêt que la CDS trouve en s'investissant aussi bien dans la recherche fondamentale que dans la recherche action. Lorsqu'on est mené par des courtes vues, on a tendance à opposer les deux alors qu'elles sont plutôt, et c'est ce que la CDS recherche toujours, complémentaires.

Donc, la recherche pour le développement s'emploie à des applications des théories professées par la recherche académique. C'est d'ailleurs, à ce niveau que se situe le point de jonction entre l'université et la société.

2.1. Recherche théorique

La *recherche théorique* autrement dénommée recherche fondamentale ou encore recherche académique menée à la CDS se structure autour de sa revue déjà citée *Mouvements et Enjeux Sociaux* où sont publiés des articles de fond relevant des thématiques et des filières de recherche les plus diverses possible. Lancée en 2001 sur une périodicité bimensuelle, tenant compte d'une demande toujours plus accrue et soucieuse de la qualité, la direction du Centre a fini par lui conférer une parution trimestrielle. À ce jour, outre des numéros spéciaux dédiés à l'anniversaire de création du Centre et parfois à la suite des thématiques d'une actualité brulante, la CDS compte 121 numéros, renfermant chacun, une moyenne de huit articles scientifiques dûment publiés dans le plus grand respect de sa périodicité.

Cette revue jouit d'un rayonnement et d'impact évidents d'abord au niveau de l'Université de Kinshasa, ensuite des établissements d'enseignement supérieur et universitaire de l'ensemble du pays et enfin, du monde, notamment des pays d'Afrique d'expression francophone, de la Belgique, de la France, du Pays-Bas, du Canada, etc.

À cet effet, de nombreux auteurs évoluant dans le secteur académique doivent à la revue *M.E.S.*, non seulement la promotion du débat scientifique comme tous les autres auteurs, mais également leur promotion en grades académiques. A cette revue, se greffent des éditions *M.E.S.* qui comptent 38 ouvrages parus.

Dans la revue comme dans les éditions *M.E.S.*, les thèmes les plus couramment abordés sont : la méthodologie et épistémologie de la recherche scientifique, la pauvreté, la gouvernance, le travail décent, la protection sociale, l'économie informelle, l'économie sociale, la démocratie, les élections, l'environnement, les mutuelles de santé, le syndicat, la pollution de l'air, la violence, la société civile, les discriminations urbaines, l'immigration, l'agriculture, la déforestation, etc.

2.2. Recherche action

Le deuxième Département se nomme différemment, à savoir : la *recherche pour le développement*, la *recherche appliquée* ou la *recherche action*. Cette branche de la CDS, répond à la mission d'interface Université – Société afin de faire bénéficier à la société congolaise, au travers de sa société civile organisée en divers mouvements associatifs et sociaux, un accompagnement éclairé du processus de la recherche du mieux-être communautaire. C'est par des études de terrain sur des thématiques transversales[36]

[36] Une petite liste indicative reprise ci-dessous donne une idée suffisamment large sur les types de thématique couramment abordés.

assorties des recommandations que la CDS participe à la guidance d'un nombre important des organisations de la société civile congolaise tant à Kinshasa qu'à l'arrière-pays. Pensons-ici, notamment, à la coordination qu'elle assure du Réseau National Multi-Acteurs de protection sociale (RNMA-PS/RDC), comprenant 10 organisations membres issues des secteurs du syndicat, de la santé, de l'agriculture, de l'artisanat et de l'entreprenariat depuis 2017 à nos jours.[37]

Enfin, le *volet* interface université-société, s'affiche avec une liste impressionnante des projets de recherche, au total 26, conçus et exécutés par la CDS qui attestent clairement l'apport de ce Centre de recherche en faveur des mouvements associatifs et autres institutions militant pour la promotion de la protection sociale en RDC. La qualité des bailleurs de fonds[38] qui lui font confiance ne fait qu'attester sa crédibilité au niveau tant national qu'international. Parmi les plus importants projets d'intérêt communautaire réalisés, figurent :

- Etude sur l'économie informelle à Mbuji Mayi et à Kisangani, financée par Enabel/PEE, 2020 (Observatoire du secteur informel en RDC) ;
- Le coaching, mentorat des jeunes filles militantes des partis politiques pour leur accession aux postes de décision, financé par *Onufemmes*, 2019 ;

Bien sûr, pour ne pas encombrer le texte, la liste intégrale des projets déjà exécutés par la CDS sera reprise comme annexe dans cet ouvrage.

[37] S. SHOMBA KINYAMBA (sous-dir.), *Manuel retraçant les trajets de création du Réseau National Multi-Acteurs de Protection Sociale en République Démocratique du Congo*, Kinshasa, M.E.S., 2021.

[38] À titre indicatif : CRDI, BIT, UE, Onufemmes, We Social Movement, Enabel, Ambassade de Belgique, Fonds pour la Consolidation de la Paix/Ideaborn-Allemagne, CIDE, VLIR, VVOB, Fonds belge de survie, Gouvernement flamand

- Lutte contre la pollution d'air et appui à l'autonomisation des femmes membres de la FEPAKIN par la promotion de l'agriculture et l'élevage à Kinshasa (communes de Mont-Ngafula et de N'sele), 2019 ;
- Projet Villes sûres et inclusives : La nature et les acteurs de la pauvreté, de la violence et des discriminations urbaines en RDC, 2013-2016, *Ministère de l'Intérieur*, financé par le Centre de Recherche pour le Développement International « CRDI », Canada ;
- Projet Debout *maman malewa* : lutte contre la pauvreté par le renforcement des capacités des restauratrices de rues de Kinshasa, 2009, financé par l'Union Européenne.

La plupart des résultats de ces projets ont abouti à des recommandations portées à la connaissance de l'autorité publique et des acteurs sociaux. La contribution de la CDS est ainsi indéniable, mais souffre encore, malheureusement, de sa mise en œuvre intégrale. C'est là, la raison d'être de l'adhésion de la CDS au RNMA-PS.

2.3. Renforcement des capacités

Le troisième Département est celui qui cadre avec la formation organisée par le Centre au bénéfice de plusieurs acteurs de développement et de chercheurs universitaires lors des ateliers divers. Parmi les plus illustratifs, s'affichent :

Formation post-universitaire

Sous cette rubrique, le Centre a des raisons de se féliciter d'avoir été à la base de l'organisation de plusieurs séminaires post-universitaires ou doctoraux. Ses chercheurs sélectionnés ont obtenu des bourses grâce auxquelles ils ont séjourné notamment à l'Université Catholique de Louvain, à l'Université de Liège, à l'Université Libre de Bruxelles, à l'Université de Gand où ils ont participé à de nombreux échanges scientifiques fructueux et accédé à des sources documentaires indispensables. Tous sont revenus pour poursuivre leur encadrement et ont réussi à défendre avec brio leurs thèses de doctorat.

Dans la même lignée, ceux évoluant sur place, ont le bénéfice de présenter régulièrement leurs projets de recherche de troisième cycle ainsi que l'état d'avancement de ceux-ci et obtiennent des éclairages et redressements nécessaires (thèses de doctorat, mémoires d'étude supérieure) lors des séminaires méthodologiques organisés par le Centre.

En plus, de nombreux chercheurs de la CDS se sont frottés à d'autres expériences scientifiques grâce à des missions de participation à des colloques, séminaires, finalisation des projets de recherche avec leurs homologues au Canada, en Belgique, en France, en Suisse, en Chine, en Afrique du Sud, au Sénégal, au Rwanda, en Ouganda, au Congo-Brazzaville. Ces expériences ont grandement profité et continuent de profiter au Centre.

Dans le même registre, on ne saurait escamoter des incessantes conférences académiques tenues au siège de la CDS par ses chercheurs et autres orateurs de renom pour alimenter perpétuellement les débats de haut niveau. Les thèmes d'actualité brulante servent généralement de prétexte à ce type de rencontres.

Avant de clôturer ce point, il importe de relever que la CDS reçoit, chaque année, sur recommandation de leurs directeurs de recherche, des chercheurs venant, pour leurs missions d'investigation de terrain en RDC, dans les domaines de sciences sociales des universités européennes et américaines. Ceux-ci, bénéficient de mêmes avantages d'encadrement aux côtés de leurs homologues congolais. Bien plus, ils se trouvent souvent accompagnés sur l'un ou l'autre site d'enquête. Ils reviennent au Centre pour exposer et homologuer les données collectées par une équipe de chercheurs de la CDS ayant le profil requis par rapport à l'objet de l'étude.

En clôturant ce point, il ne nous reste plus qu'à évoquer l'ouverture du Centre à la politique de consortium avec d'autres Centres de recherche. Citons ici, les cas des études conjointement menées par la CDS et le Hiva KU Leuven, l'ICREDES, l'Unité de Recherche en Analyse Sociétale (URAS) de Brazzaville, le Centre d'Etudes Politiques (C.E.P) et le Réseau sur le Genre. Dans cette forme de collaboration, chaque centre s'en sort ragaillardi, ce que d'ailleurs, de nombreux bailleurs de fonds encouragent énormément.

Dans le même sillage, la CDS collabore avec plusieurs organisations de la société civile en confrontant ses expériences théoriques à leurs expériences de terrain sur la protection sociale en RDC. Parmi les plus importantes, figurent : Confédération Syndicale du Congo (CSC), Réseau des Coaches Congolais en Approche à Résultats Rapides et en Gestion Axée sur les Résultats (RCCARR-GAR), Confédération Nationale des Producteurs Agricoles du Congo (CONAPAC), Plateforme des Organisations Promotrices des Mutuelles de Santé du Congo (POMUCO), Centre de Production de Semences (CEPROSEM), Association des Artistes et Artisans de Binza (AAAB), Syndicat National des Médecins (SYNAMED), Association de défense des Droits des Patients (ADP), Fondation Ndomba, Mouvement Ouvrier Chrétien du Congo (MOCC), etc.

Renforcement des capacités des acteurs sociaux

Dans le secteur des acteurs sociaux, la CDS s'emploie, à la restitution suivie des recommandations des résultats des enquêtes réalisées sur l'un ou l'autre domaine de leurs activités respectives. À ce genre d'occasion, le groupe ciblé permet à ses délégués de renforcer leurs capacités et par ricochet, aller les partager avec d'autres.

Dans ce registre, la formation assurée à des *mama malewa*, à des conducteurs de moto, à des gestionnaires de coopératives d'épargne et de crédit, à des managers des petites et moyennes entreprises, à des travailleurs du secteur informel, à des coopérateurs, ... en témoigne.

Sur un autre plan, sans attendre forcément les résultats d'une enquête de terrain, partant de l'exploitation d'une revue de la littérature intense sur une thématique, la CDS organise de temps en temps, des ateliers de renforcement des capacités en faveur des corporations relevant de ces connaissances accumulées. Pensons-ici à l'atelier de formation des syndicalistes et des défenseurs de droit de l'homme, organisé à Kinshasa en 2014.

Enfin, se rangent encore au *volet formation*, des chercheurs enquêteurs qui, avant le lancement de toute investigation de terrain, reçoivent un apprentissage *ad hoc* en vue de s'approprier les outils méthodologiques à utiliser et la démarche y relative. Cette formation, assurée par la coordination du projet aboutit à un test sur un noyau des virtuels enquêtés en vue de vérifier les aptitudes acquises par les apprenants. Il s'agit là d'une étape de certification des enquêteurs à retenir et à laisser tomber. Ces activités font de la CDS, un carrefour permanent d'échange d'expériences et d'expertise.

2.4. Canaux de communication des activités réalisées

Sans revenir sur sa revue *Mouvements et Enjeux Sociaux* qui, bien qu'ouverte à tous, se voit consacrer, de temps en temps, des numéros thématiques dont les contributeurs sont tous chercheurs du Centre, la CDS dispose ou recourt à trois types de canaux de diffusion de ses réalisations.

Sites web

Le premier, www.cdsrdc.org, mis en place depuis 2014, prend en sa charge, la diffusion de toutes les activités des trois départements renseignés ci-dessus. C'est son principal site, celui qui consacre l'identité du Centre, qui l'a fait rayonner et continue de le faire à travers le monde. La visibilité qu'il favorise, permet au Centre d'élargir les contacts avec des partenaires, des bailleurs de fonds.

Le deuxième dénommé *Observatoire de l'économie informelle en République Démocratique du Congo,*[39] a été lancé en 2016 lors d'une enquête de grande envergure financée par la Commission Technique Belge (CTB) et exécutée par la Chaire de Dynamique Sociale, institution principale et Hiva KU Leuven, institution d'accompagnement. Cet observatoire s'est enrichi des résultats des deux autres enquêtes, dans le même domaine, effectuées en 2020, à Mbuji Mayi et à Kisangani. Ce site compte parmi les plus fréquentés du pays eu égard à l'importance que revêt l'économie informelle dans laquelle se brassent 80% des activités économiques en République Démocratique du Congo. Il est notamment consulté par des institutions internationales implantées dans le pays, des universités, des services publics, notamment le ministère des petites et moyennes entreprises et celui du travail, emploi et prévoyance sociale, des Centres de recherche, la

[39]https://hiva.kuleuven.be/en/research/theme/globaldevelopment/p/ObservatoireDRC

société civile, des entreprises, des étudiants en sciences économiques et de gestion, en sciences sociales et psychologie et science de l'éducation,... qui en tirent un très grand profit.

Le troisième, www.rnma.cd, appartenant au Réseau National Multi-Acteurs de Protection Sociale en RDC, construit en 2017 par la CDS, qui le gère jusqu'à ce jour, en sa qualité de membre de ce Réseau et de coordinatrice de celui-ci, est spécifiquement dédié à sa dizaine de ses organisations membres déjà reprises ci-haut. Il intéresse aussi d'autres mouvements associatifs de la société civile qui œuvrent dans le secteur de la protection sociale au Congo. Grâce à ce site, la visibilité du Réseau est assurée et le nombre de ses organisations membres, ne fait que s'accroitre.

Le dernier, www.mesrids.cd, lancé en 2022, retire les activités de la revue *M.E.S.* du site global du Centre pour les installer en un site spécifique. Ceci répond aux récentes exigences de l'Université de Kinshasa qui s'engage désormais à assurer une plus grande visibilité à ses activités de recherche. A ce sujet, la revue de la CDS se trouve déjà enregistrée chez *International Standard Serial Number* (ISSN) respectivement au numéro 2790-3095 en version imprimée et 2790-3109 pour la version en ligne.

Médias

Enfin, la *Chaire de Dynamique Sociale*, entretient des relations ponctuelles avec des médias nationaux à l'occasion des grandes rencontres scientifiques. Dans la presse écrite, l'Agence Congolaise de Presse (ACP), la Tempête de tropique, le Palmarès, l'Avenir et dans celle audiovisuelle : Digital Congo, Radiotélévision Nationale Congolaise, Numerica Tv, Top Congo, ont très souvent couvert les travaux organisés par le Centre en portant leur écho plus loin.

Banderoles

Il n'est pas superflu d'ajouter pour clôturer ce point, les divers messages repris sur des banderoles déployées à l'occasion des assises importantes organisées par la CDS. Sur celles-ci, se trouvent reprises la thématique du jour et les finalités de l'atelier. Ce qui ne laisse guère indifférents tous ceux qui passent par ce lieu.

Les traits caractéristiques de la CDS, auteure de vingt ans d'activités et d'expériences accumulées sur la conception, le suivi et l'évaluation des projets de développement communautaire, l'horizon se trouve ainsi balisé pour entrer véritablement à la matière. Cette entrée dans le vif du sujet commence par le dévoilement des principes qui président à la conception de projet. C'est le chapitre qui suit.

Chapitre III
PRINCIPES DE CONCEPTION D'UN PROJET DE DEVELOPPEMENT

Introduction

Le processus de réalisation d'un projet commence par l'établissement des termes de références par le commanditaire de celui-ci.[40] C'est alors que se trouve lancée la conception de celui-ci, c'est-à-dire une préparation et une organisation bien ordonnées en vue de la mise en œuvre en douceur du projet.

En cette matière, il n'existe pas de contenu standard. Ce dernier varie en fonction des cahiers de charge élaborés ou d'un inventaire des besoins provenant de la phase de l'orientation du projet.

Cependant, au-delà de toutes les divergences que suscite le contenu très variable dans la conception de projet, une série de rubriques reprises ci-dessous, se rencontre couramment dans la structure des projets quels qu'en soient leur taille, leurs objectifs et les résultats attendus.

A cet effet, la charpente de projet rencontrée dans la littérature[41], rapporte neuf rubriques comme c'est d'ailleurs le cas dans la tradition de la CDS. Toutefois, il faut noter la

---

[40] Termes de références (Tdrs) est un texte de volume réduit qui permet au commanditaire d'un projet de passer commande à une équipe d'exécutants des activités pour lui expliquer ce qu'il veut et pourquoi il le veut. C'est bien le détonateur du long processus conduisant à la réalisation de projet.

[41]https://modules-iae.univ-lille.fr/M06/cours/co/ch1_03_etape3_01_def.html, consulté le 27/01/2022

présence de la rubrique revue de la littérature dans l'école de la CDS et l'absence de ce que la littérature nomme étude de faisabilité. Autrement appelée pré-projet, l'étude de faisabilité se justifie par la nécessité de confronter les réalités de l'environnement, vérifier point par point que les objectifs du projet sont faisables dans ce contexte. N'est-ce pas là, une lacune dans l'expérience de la CDS ? Oui et non. Oui parce qu'aucun projet CDS n'en fait cas, et en sens inverse, non parce que les chercheurs de la CDS compensent cette lacune apparente par les matières développées dans le contexte d'émanation du projet et par les éléments relevant de la littérature. Après évacuation de ces subtilités, le temps est venu de dérouler les principes évoqués ci-haut.

3.1. Contexte

Comme d'aucuns le savent, un projet ne sort jamais du néant. Aussi le chercheur ou le centre de recherche qui s'y engage, doit-il brièvement circonscrire les diverses contingences (sociale, culturelle, politique, économique, religieuse, démographique,…) qui valident un tel objet au rang d'un projet à traiter par la recherche action.

L'explicitation du contexte d'émanation d'un projet, permet d'avoir déjà, un horizon clair sur la motivation et l'intérêt du choix de la thématique ciblée par le projet. Il n'y a pas de projet sans justification pertinente de la situation qui l'entérine. Comme cela sera le cas pour les huit autres rubriques qui suivent, l'illustration du contenu de contexte d'un projet est donnée par le chapitre IV qui expose les matières d'un projet concrètement conçu, en l'occurrence l'impact de pollution de l'air sur la santé des populations de Kinshasa.

3.2. Objectifs

Deux types des objectifs sont à dégager dans la conduite d'un projet. Leur matérialisation conduit à l'atteinte des résultats attendus qui sont lus, à leur tour, à travers les livrables préalablement listés sur les termes de référence du projet.

Le premier objectif est de type général. Il se rapporte à la définition partant des besoins inventoriés et de la projection des valeurs auxquelles les populations ciblées aspirent.

Quant aux objectifs opérationnels, autrement appelés spécifiques, ils se définissent par déclinaison à partir de l'objectif général et s'adaptent aux besoins particuliers des bénéficiaires indexés des résultats du projet. Les objectifs spécifiques peignent une activité identifiable et mesurable. En général, on en dégage une série et non un seul comme c'est souvent le cas pour l'objectif global assigné à un projet.

3.3. Revue de la littérature

À la suite du Centre d'aide à la rédaction des travaux universitaires (CARTU) Université d'Ottawa au Canada, la revue de la littérature est un texte qui rassemble, analyse et organise une littérature scientifique diversifiée, afin de proposer une vue globale des avancées scientifiques d'un domaine. Elle propose un bilan des études menées : un point sur des problématiques déjà posées.[42]

Il va de soi qu'une telle ligne de conduite de la recherche s'impose à tous. Aucun projet sérieux ne peut être engagé les yeux bandés. En opérant une recension conséquente de la littérature sur la thématique qui fonde le projet à traiter, le chercheur se confère la capacité d'identifier les acquis scientifiques sur le sujet, comment ont-ils été obtenus ?

---

[42] Centre d'aide à la rédaction des travaux universitaires (CARTU) Université d'Ottawa, 2014.

Quelles sont les zones d'ombre qui y persistent et comment il attend se démarquer de ses prédécesseurs ?

La revue de la littérature sert de fondation à toute nouvelle entreprise pour des études analogues futures. Aucun projet ne saurait ainsi s'en passer.

3.4. Activités du projet

Un inventaire quasi exhaustif et expressif des actions à entreprendre au cours de l'exécution du projet se situe au cœur de celui-ci. Ces activités sont à mettre en relation avec les objectifs opérationnels du projet. Il ne s'agit pas déjà de rentrer dans des détails précis, mais de bien annoncer les activités et leur agencement.

La diversité de ces activités conduit à la classification suivante : élaboration de la revue de la littérature ; rédaction et validation du protocole de recherche (outils méthodologiques) ; production et insertion du questionnaire en ligne ; formation et déploiement des équipes de terrain ; investigation ; dépouillement des données collectées, analyse des données ; rédaction des rapports (monitoring, rapport narratif, rapport financier, rapport des résultats finaux) ; atelier d'adoption du rapport en interne ; présentation et vulgarisation des résultats. Une telle liste dégage l'identité du projet et de son opérationnalité.

3.5. Méthodologie de recherche

A cette étape, le concepteur de projet donne l'expression concrète de l'administration du questionnaire et/ou du guide d'entretien à exploiter tout au long de l'enquête. Parmi les contraintes observées par les chercheurs de la CDS, figurent en bonne place :

- une pré-enquête s'avère indispensable surtout lorsque l'investigation est à mener dans un milieu peu ou pas familier à l'équipe de chercheurs ;

- une exploitation de la littérature disponible sur le sujet ;

- des contacts avec quelques personnes ressources à identifier afin qu'un panel de personnes-clés soit accessible en vue de participer à la collecte de données qualitatives ;

- une cartographie des points chauds en rapport avec la thématique sous examen. Cette phase préparatoire fournit les matériaux nécessaires à l'élaboration de la méthodologie pour la recherche empirique ;

- un atelier de lancement solennel regroupant des couches sociales diverses en vue de leur sensibilisation pour une implication positive dans le processus de la production des données (recherche participative) ;

- une organisation des interviews approfondies avec les gestionnaires des institutions sous examen ;

- une prévision de la technique de boule de neige, car nos milieux souffrent de la carence d'enregistrement systématique des données, de recensement ;

- en cas d'exploitation d'un questionnaire sur papier, se tenir prêt à des transcriptions des réponses suivant le procédé indirect en vue d'économiser le temps et de réduire au strict minimum, le nombre de copies du questionnaire non retournées ;

- de même, pour ceux d'entre eux qui ne savent ni lire ni écrire, les enquêteurs de la CDS traduisent habituellement le questionnaire en langue locale ;

- le pas de sondage est à observer en cas d'une enquête par questionnaire à grande échelle ;

- en cas d'exploitation d'un questionnaire sur tablette, une formation est donnée aux enquêteurs qui deviennent aptes à manipuler cet appareil permettant d'enregistrer aisément les options exprimées, etc.

3.6. Chronogramme

La systématisation et l'efficacité de la conduite des activités d'un projet reposent notamment sur l'établissement d'un échéancier qui étale de façon intégrale le déroulement du projet dans le temps.

Un plan opérationnel des activités (POA) est élaboré à ce sujet, sous forme d'un tableau reprenant la planification de leur réalisation en termes d'une périodicité claire par exemple en mois, semestre, année, etc. Le chronogramme joue ainsi comme qui dirait, le rôle d'une boussole.

3.7. Porteur du projet

Par porteur du projet, nous incluons toutes les personnes morales ou physiques dont les apports divers se montrent décisifs depuis le lancement jusqu'à la réalisation du projet, en passant par la conduite de celui-ci. Il peut s'agir des bailleurs de fonds, de l'équipe des experts et parfois, des bénéficiaires des résultats attendus.

Dans cette perspective, pour nous, lorsque Bruxelles Environnement octroie un fonds de recherche pour une étude sur l'impact de pollution de l'air sur les populations de Kinshasa à la Chaire de Dynamique Sociale en tant que centre de recherche qui a aussi procédé à la sensibilisation et obtenu la participation active des victimes de pollution dans cette étude, toutes ces trois entités portent complémentairement ce projet. Il s'agit donc là, des partenaires dont les concours divers participent à la réussite du projet. Certes, certains peuvent jouer un rôle clé alors que d'autres s'emploient à des fonctions secondaires mais, à tout prendre, ils portent tous et chacun la charge de la réalisation de projet.

3.8. Bénéficiaires

Un projet bien conçu, ne saurait rester évasif en termes de bénéficiaires de ses résultats. Les catégories des populations cibles doivent être clairement spécifiées.

Toutefois, à propos des projets de développement communautaire, en règle générale, on semble dénicher la masse déshéritée comme principale ou unique bénéficiaire des effets d'un projet bien accompli, mais à y observer de près, on ne saurait soustraire les pouvoirs publics de cette liste, encore moins les chercheurs ayant mené l'investigation y afférente.

Pour les premiers, l'impact positif des résultats d'un projet leur profite indéniablement, car l'Etat, comme nous le savons tous, est censé apporter des solutions aux problèmes d'intérêt général. Dans ce cas, si c'est la société civile qui résout un problème préoccupant, l'Etat respire. S'agissant des chercheurs universitaires, toute étude aboutie dans un champ empirique, étend leur expérience et valide leurs théories. Ainsi le cercle des bénéficiaires se montre-t-il divers.

3.9. Budget du projet

Tout projet d'intérêt communautaire implique un coût. C'est pour cela qu'un fonds doit être rendu disponible pour assurer la réalisation des actions y afférentes. Ce fonds varie d'un bailleur à un autre ou d'un projet à un autre. Les diverses activités budgétaires peuvent, en fonction de l'expérience de la CDS, se résumer comme suit :

- action 1 : élaboration et validation du protocole de recherche ;
- action 2 : équipes de terrain à rémunérer ;
- action 3 : missions de recherche à effectuer (billets voyage, séjour,) ;
- action 4 : investigation (primes coordonnateur, investigateur, enquêteurs,…) ;

- action 5 : analyse des données ;
- action 6 : impression et brochage du rapport ;
- action 7 : présentation et vulgarisation des résultats ;
- action 8 : frais institutionnels (certains bailleurs n'en veulent pas) ;
- action 9 : frais bancaires ;
- action 10 : imprévus (certains bailleurs n'en veulent pas).

Avec le budget, le projet de développement communautaire ouvre un registre sensible et délicat. Trois types de régime sont à dégager à ce sujet. Le premier, et c'est le plus courant, veut que ça soit *le bailleur qui communique mieux impose*, c'est-à-dire à prendre ou à laisser, le fonds qu'il met en jeu.

Le suivant, pousse le bailleur à *piéger les porteurs des activités* du projet à leur demandant de proposer le budget qu'ils estiment à même de réaliser l'ensemble des activités y afférentes. Où voyons-nous alors de pièges ? Oui, piège y est, car le marché est généralement accordé au groupe qui demande moins même si sa candidature, en termes de qualité, n'est pas forcément la meilleure.

Le troisième régime enfin, le plus rare d'ailleurs, se présente comme une suggestion venant d'un bailleur ouvert à des concertations susceptibles d'intégrer des légers aménagements.

Ces subtilités ont fait que dans une opinion largement répandue, l'éligibilité à un fonds de réalisation d'un projet est sensiblement fonction du budget prédisposé. Généralement, celui-ci n'est qu'un minima tourné essentiellement vers la réalisation des activités versant quasiment les porteurs du projet dans l'apostolat. C'est l'idéologie patriotique, travailler dans et pour sa patrie qui constitue le leitmotiv justifiant, malgré tout, la réalisation par les Congolais, de ces projets financés par des institutions étrangères.

Bien plus, ces budgets n'intègrent jamais les frais d'assurance aux missionnaires sauf lorsqu'il s'agit des étrangers pareils pour les frais institutionnels perpétuellement boudés par les bailleurs. Il s'agit tout simplement d'un appui qui n'a d'autre angle que celui de voir le projet aboutir, tant bien que mal, à des résultats escomptés.

Après tout, le budget finit par être adopté par les parties en présence. Ses règles de gestion les sont également. Un rapport financier, selon les bailleurs, est rédigé à la fin et même suivant les phases de réalisation des activités. Ce rapport doit être accompagné, chaque fois, des pièces justificatives valides.

Passons à présent à une visualisation concrète de la conception de projet. A cet effet, notre choix est tombé sur un parmi la trentaine de projets qui jalonnent l'expérience accumulée dans ce domaine par les chercheurs de la CDS depuis deux décennies. Le projet qui suit porte sur l'impact de la pollution de l'air sur les populations de Kinshasa (2018-2019). Son exposé comporte les mêmes rubriques que celles structurant ce chapitre qui s'achève. Ce qui donne à l'illustration un véritable caractère didactique, donc facile à suivre et comprendre.

Chapitre IV

ILLUSTRATION DE CONCEPTION D'UN PROJET DE DEVELOPPEMENT COMMUNAUTAIRE : POLLUTION DE L'AIR A KINSHASA

Introduction

Ce chapitre sert d'intersection entre d'un côté, le chapitre précédent qui livre les principes de rédaction d'un projet et le chapitre suivant qui expose les résultats obtenus d'un projet dont les activités ont été dûment exécutées. Il attache ainsi la chair sur le squelette planté par le chapitre précédent. Comme on peut bien le constater, la succession de ces trois chapitres (III, IV et V) répond clairement à un souci didactique appelé à satisfaire les attentes des lecteurs, plus particulièrement, les gestionnaires des ONG diverses.

De manière concrète, sa structure aligne des rubriques identiques à celles reprises au chapitre III. Cette structure comporte le contexte d'émanation de l'étude, les objectifs projetés, la revue de la littérature compulsée, la méthodologie de recherche élaborée, les activités planifiées du projet, le monitoring suivi, le profil du porteur des activités du projet et leur chronogramme ainsi que le budget alloué à l'exécution des activités du projet.

4.1. Contexte

Les villes congolaises font face à des changements climatiques exténuants et plus particulièrement à une pollution de l'air qui se répand de plus en plus.

Elle résulte notamment de l'incinération archaïque à l'air libre des déchets des hôpitaux, des usines implantées en milieux résidentiels, des gaz d'échappement des vieux véhicules, des fours à braise, des fours à bois de grillade (chèvre, poulet, dindon), de la cuisine à l'aide d'un feu de bois dans des cellules étroites et à peine aérées et de celle assurée à des endroits publics, de l'incinération à répétition de pneus usés, du papier, du plastique, du carton…, le long de la route, dans le champ, dans la parcelle, etc.

De ce qui précède, ce projet de réduction des risques de pollution de l'air tente d'inventorier et d'élucider les pratiques favorisant la pollution de l'air dans les sites ciblés et entend atténuer les risques par l'organisation des contacts d'information et de sensibilisation des parties prenantes lors du lancement comme en cours de réalisation du projet. L'association de ces parties aux activités de ce dernier et à la recherche des solutions en rapport avec le danger que représente la pollution de l'air ainsi que la garantie d'anonymat autour de tous les informateurs constituent autant d'atouts qui permettraient, à coup sûr, au projet d'atteindre ses objectifs. Il s'agit d'une démarche participative qu'il conviendrait de suivre afin que la population exposée à cette pollution qui l'assassine de façon silencieuse et invisible puisse être éveillée et sécurisée.

Cette recherche-action consiste à : (i) réunir les données grâce à l'analyse documentaire et la recherche empirique au sein des organisations (asbl) ; (ii) appréhender les modes par lesquels les villes congolaises dont Kinshasa engendrent la pollution de l'air; (iii) valoriser les stratégies de lutte proposées par la population à travers une recherche participative contre la pollution ; (iv) améliorer les connaissances et les capacités des décideurs et acteurs sociaux sur cette lutte pour réduire les risques et les méfaits de la pollution; (v) vulgariser les résultats au profit des acteurs étatiques et non-étatiques.

4.2. Objectifs

Aujourd'hui, la question de l'environnement est au centre des discussions sur l'avenir du globe. Les peuples du monde entier voient leurs droits fondamentaux restreints du fait de la détérioration de l'environnement.

En Afrique, les décès prématurés provoqués par la pollution de l'air intérieur et extérieur ont augmenté de 36% entre 1990 et 2013, révèle une étude de l'OCDE où successivement 181.291, 246 403, 396 093 et 466 079 Africains décédaient prématurément de la pollution de l'air.

La situation congolaise est bien plus complexe que dans la plupart des pays d'Afrique. En effet, l'entrée en programme par la RDC figure, depuis juin 1992, par la signature de la Convention Cadre des Nations Unies sur les Changements Climatiques (CCNUCC). C'est à ce titre qu'elle a entrepris depuis lors, une série d'activités conformes aux engagements auxquels elle a souscrit, à savoir l'inventaire de ses émissions des Gaz à Effet de Serre (GES) pour l'année 1994, lequel a abouti à la Communication Initiale Nationale sur les changements climatiques présentée en 2002 à New Delhi, lors de la 8ème Conférence des Parties (CoP8).

Malheureusement, dans ce domaine, il n'existe à ce jour aucune structure viable pouvant offrir aux populations une formation préventive sur les incidences de la pollution atmosphérique.

Les centres de santé/dispensaires/maternités qui pullulent à Kinshasa, par exemple, ne disposent d'aucun arsenal digne de son nom pouvant leur permettre de contenir la fumée, les odeurs ou l'évacuation des ordures qui y sont produites.

La question des vieux véhicules par exemple, qui circulent à Kinshasa demeure d'une actualité brulante au sujet de la pollution de l'air. En effet, leur nombre a augmenté au cours des dernières années. En 2010, Kinshasa comptait environ 500 000 véhicules, soit une voiture pour 20 habitants, dans une ville dont la population est estimée à plus de 12 millions d'âmes. Comparé à 2009, ce chiffre représente une augmentation de 12,5% seulement, beaucoup de ces véhicules, de seconde main, sont importés de l'Europe et de l'Asie étant usés et bons pour la casse. Ils augmentent la pollution de l'air, indiquent les experts. Il importe de noter que les véhicules sont à l'origine de 32% des émissions de dioxyde d'azote dans l'air : sa concentration moyenne à l'intérieur d'un véhicule est bien supérieure à la limite recommandée par l'OMS.

En outre, il faut noter que les concentrations annuelles moyennes de dioxyde d'azote, proviennent essentiellement de la combustion de carburants fossiles. Cette concentration, d'après l'OMS, dépasse les 70 microgrammes par mètre cube alors qu'elle devrait être inférieure à 20.

Toutefois, en RDC, le ministère de l'environnement et conservation de la nature ne reste pas les bras croisés. Mais à observer de près, le problème est encore loin d'être traité sérieusement.

Face à cette situation préoccupante, la présente étude tente de répondre aux interrogations suivantes : que faire pour atténuer les effets de la pollution atmosphérique affligeante qui accablent les populations de la ville de Kinshasa ? Comment le faire ? A travers quels groupes cibles ? Comment assurer l'appropriation et la pérennisation des stratégies de lutte par les acteurs sociaux et étatiques contre cette pollution ?

A ces propos interrogatifs, cette étude financée par WSM-Bruxelles va être menée, rappelons-le, par la CDS comme institution principale et le HIVA comme institution d'accompagnement sur la réduction des risques de pollution de l'air à partir d'un groupe cible principalement composé de 120 ménages des producteurs agricoles dans deux communes de Kinshasa (Mont-Ngafula et N'sele) dont 80% représentés par les femmes. En moyenne, un ménage compte 5 personnes. Ces producteurs agricoles sont membres des coopératives CEPROSEM et NZETE YA MBILA. Ces derniers sont à leur tour, membres de la FEPPAKIN, structure faitière organisant plus de 11 filières différentes à Kinshasa.

La démarche à suivre consistera à élaborer et valider un protocole de recherche ; former des équipes d'enquêteurs ; organiser la récolte des données de terrain ; les analyser et interpréter ; rédiger et imprimer les résultats ; présenter, restituer et vulgariser les résultats pour leur appropriation par les populations et les autorités publiques en vue d'une lutte efficace et durable contre les risques de pollution de l'air. Pour nous résumer, inscrivons-nous dans le schéma classique qui dégage d'un côté, un objectif global et de l'autre, des objectifs spécifiques du projet.

L'objectif principal de ce projet vise l'amélioration des conditions de l'environnement et de la santé des populations de Kinshasa et plus explicitement, accroitre la prévention et par conséquent, réduire sensiblement les risques de pollution d'air au sein de la population.

Pour réaliser cet objectif global, le projet aligne les objectifs spécifiques suivants :

- développer et accroitre une compréhension commune sur le problème de la pollution atmosphérique et les risques pour la santé entre les organisations de la société civile ;
- développer et accroitre une compréhension commune sur les actions potentielles que les OSCs et leurs membres pourraient prendre pour s'impliquer dans la résolution du problème de la pollution de l'air ;
- développer les capacités des OSCs pour leur permettre de se déployer efficacement dans les

activités de sensibilisation et de mobilisation face au problème de la pollution de l'air ;

- développer les capacités des partenaires tripartites (gouvernement, employeurs, syndicats) pour des débats plus élaborés sur le problème de la pollution de l'air à travers des mécanismes de dialogue social ;
- contribuer à la prévention des maladies respiratoires par la recherche sur la pollution dans la circonscription du projet ;
- renforcer l'interface université-acteurs étatiques et non-étatiques en vue de contribuer plus efficacement aux débats nationaux capables de proposer les meilleures alternatives de la protection de l'environnement, de la santé et du développement durable.

4.3. Revue de la littérature

Contexte et justification de l'étude

Aujourd'hui, la question de l'environnement est au centre des discussions sur l'avenir du globe. Les peuples du monde entier voient leurs droits fondamentaux restreints du fait de la détérioration de l'environnement. Ce comportement dit-on, engendre l'appauvrissement de la population locale et des inégalités importantes, une dégradation sévère de l'environnement et des violations des droits de l'homme.

Un des thèmes du sommet France-Afrique a porté sur le changement climatique. Les recommandations d'ordre global devraient se suivre d'un déploiement à tous les niveaux. Plus d'un milliard d'Africains seront citadins en 2050 contre 20 millions en 1950. Penser la ville et sa gestion environnementale est une nécessité. Associés au contexte actuel dominé par le débat sur le changement climatique, il serait utile de mettre au premier plan les enjeux liés aux problèmes environnementaux urbains. La dégradation de la qualité de l'air urbain, même s'il s'agit d'un phénomène local, touche plus de la moitié de la population mondiale et doit se retrouver au cœur des enjeux d'atténuation des effets du changement climatique.

Sébatien Bridier et Hervé Quénol (2006) pensent que le climat urbain est la résultante d'un ensemble de facteurs agissant à des échelles spatiales différentes et imbriquées. Pour comprendre le fonctionnement du climat urbain et gérer au mieux les désagréments et les risques climatiques, disent-ils, le géographe-climatologue doit mettre en place une méthode d'analyse combinant l'ensemble des facteurs responsables de la forte variabilité spatio-temporelle du climat en milieu urbain.

La ville génère son propre climat en modifiant l'absorption de l'énergie par les surfaces horizontales et verticales, la circulation de l'air à proximité de la surface et en altitude, la répartition des précipitations, le nombre de jour de brouillard ou de gel. Le relief dans lequel s'inscrit une ville est lui-même à l'origine d'une partie des caractéristiques du climat observé localement.

L'homme, en créant la ville, influe sur les différents paramètres du milieu dont le climat, mais comme il vit dans la ville, il en supporte aussi les désagréments : forte pollution de l'air en situation atmosphérique stable, accentuation de la chaleur en situation de canicule, etc.

Etant donné que chaque ville est inscrite dans un domaine climatique particulier qu'elle modifie localement, comprendre le climat urbain nécessite donc de connaitre le climat régional dans lequel il est inscrit, et de mettre en évidence les modifications engendrées par la ville.

En Afrique, les décès prématurés provoqués par la pollution de l'air intérieur et extérieur ont augmenté de 36% entre 1990 et 2013, révèle une étude de l'OCDE. Un fléau supplémentaire pour un continent déjà buté à la malnutrition et à un accès lacunaire à l'eau potable.

En 1990, 181.291 Africains décédaient prématurément de la pollution extérieure par les particules fines. Ils étaient 246 403 en 2013. La pollution de l'air intérieur faisait 396 093 morts prématurés en 1990, ils étaient 466 079 en 2013. Ces résultats que vient de publier l'OCDE dévoilent un phénomène qui n'avait fait l'objet jusqu'ici d'aucune évaluation. Le continent africain était le dernier à n'avoir pas mesuré les effets de la pollution atmosphérique sur la population, au contraire de l'Asie où la dégradation massive de l'air est en revanche désormais bien connue.

« Ce n'est pas une surprise de constater qu'entre 1990 et aujourd'hui, et sur les périodes intermédiaires de cinq ans, le poids de la mortalité par la pollution de l'air en Afrique a grimpé en corrélation avec la croissance de la population urbaine », pointe le rapport. En un quart de siècle, les villes africaines sont passées de 196 millions à 466 millions d'habitants, soit une augmentation de 20% tous les cinq ans. Dans les mêmes intervalles, la mortalité par les particules fines et les hydrocarbures a cru de 5,3% entre 1990 et 1995 pour s'accélérer à 8,3% entre 2010 et l'OMS a indiqué que la pollution de l'air extérieur est une des premières causes environnementales de décès liés au cancer. Dans le contexte d'urbanisation galopante en Afrique et du changement climatique global, comment faudrait-il gérer un problème environnemental et sanitaire d'une si grande ampleur ?

L'une de principales sources de pollution atmosphérique urbaine en Afrique est l'émission des particules liées au trafic automobile : camions, voitures, moto, il suffit d'observer les tuyaux d'échappement de ces engins parfois cabossés dans les artères poussiéreuses de nos villes. Les fumées de cuisines, mais surtout celles des usines dans les villes industrielles ont aussi un impact local très fort. Enfin le soulèvement de poussières par le vent est aussi une source de pollution de l'air.

L'impact de cette pollution sur la santé est très néfaste comme l'a noté l'OMS d'autant plus qu'en Afrique, la rue demeure un principal lieu de vie. Les effets sur la santé peuvent aller de simples problèmes pulmonaires à des maladies plus graves comme le cancer. On peut noter aussi les allergies ou d'autres maladies de peau. Le centre international de la recherche sur le cancer estime qu'en 2010 jusqu'à 223.000 décès liés au cancer du poumon sont attribuables à la pollution de l'air. Toutefois dans plusieurs pays du continent, la mesure et l'analyse des données restent très problématiques.

La situation congolaise est bien plus complexe que dans le reste de l'Afrique, et singulièrement des pays en voie de développement. Dans les métropoles occidentales, la principale source de pollution reste le trafic automobile qui intervient dans la moitié des morts attribuables à l'air pollué. Dans les villes congolaises, cette source est exacerbée par le fait que les pots catalytiques sont absents des véhicules, que les modèles sont plus anciens et les carburants de moins bonne qualité et que les infrastructures routières sont, non seulement quasi inexistantes, mais également insuffisantes pour écouler le trafic. Ces émissions se combinent avec des entités industrielles peu équipées en système de lavage de fumée, des millions de générateurs au diesel qui pallient les insuffisances de la distribution électrique et la combustion des déchets entassés dans des décharges à ciel ouvert.

Dans les bidonvilles, la principale source de cuisson des aliments est par ailleurs le charbon de bois dans des foyers ouverts, principale source de pollution de l'air intérieur. La situation est enfin compliquée par des sources naturelles très émettrices comme le plateau de Bateke, grand pourvoyeur de poussières qui pollue tous les quartiers périphériques de la ville de Kinshasa.

Le problème de la pollution atmosphérique en milieu urbain était connu depuis longtemps. Face à l'ampleur d'une urbanisation rapide et non maitrisée, les autorités municipales ont vite été dépassées, reléguant ces questions environnementales qui touchent à la santé au banc des priorités. Elles règlementent tout de même et multiplient les mesures malgré l'insuffisance de moyens efficaces. Au niveau des Etats, des avancées ont été constatées ces dernières années, notamment par la mise en place de cadres règlementaires plus stricts en matière d'importation des véhicules d'occasion. Reste à évaluer l'impact réel de ces mesures. Les populations qui n'ont pas un grand pouvoir d'achat sont tentées de les contourner d'autant plus qu'elles ont été prises sans réelle compensation. Ainsi des véhicules de plus de cinq ans continuent d'être importés et des vieux engins circulent encore.

Une étude menée en février 2010 par un groupe d'experts congolais en environnement de l'Université de Kinshasa (Unikin) révèle que la pollution de l'air provoquée par le gaz d'échappement des voitures peut représenter un danger pour la santé et atteindre des niveaux élevés, surtout lors des embouteillages.

Et les embouteillages sont fréquents à Kinshasa. Avec la réhabilitation des principales artères, des bouchons monstres sont soulevés à la suite des routes barrées ou déviées pour cause des travaux dans la ville.

Selon les chercheurs de l'Université de Kinshasa, le dioxyde d'azote (NO2) est un gaz, dans les conditions normales de température et de pression, les molécules sont constituées d'atomes d'oxygène (O) et d'azote (N). Le dioxyde d'azote participe à divers mécanismes engendrant diverses pollutions.

D'après les mêmes sources, les voitures sont à l'origine de 32% des émissions de dioxyde d'azote dans l'air : sa concentration moyenne à l'intérieur d'un véhicule est bien supérieure à la limite recommandée par l'OMS.

Dans bien des villes, les concentrations annuelles moyennes proviennent essentiellement de la combustion de carburants fossiles ou autres. Cette concentration, d'après l'OMS, dépasse les 70 microgrammes par mètre cube. Pour ce faire, les nouvelles directives affirment que pour éviter toute atteinte à la santé, ces concentrations devraient être inférieures à 20 microgrammes par mètre cube.

Conséquences

La pollution de l'air, selon des experts, peut être la cause de décès précoces; parce que les effets de la pollution sur la santé sont deux à trois fois plus élevés que ceux estimés.

Les données du ministère de la Santé font état, en 2010, des cas de bronchite, d'asthme et de maladies respiratoires en RDC, notamment chez les enfants.

Il y a quelques années, un enfant sur dix souffrait des problèmes respiratoires. Mais aujourd'hui, d'après Jean Marie Kayembe, spécialiste en pneumologie et professeur aux facultés de médecine à l'Unikin, environ trois enfants sur dix souffrent des maladies respiratoires dans la ville de Kinshasa.

Cet expert attribue cette légère augmentation des cas de maladies respiratoires au manque d'assainissement de la ville et au nombre des véhicules exagéré à Kinshasa. Ce n'est pas tout. La pollution de l'air nuit aussi à l'environnement. Elle participe à la destruction de la couche d'ozone et augmente les gaz à effet de serre, estiment les experts en environnement.

Lombo Sedzo Laddy fait remarquer pour sa part que la pollution du sol à Kinshasa est due à la décomposition organique, chimique ou physico-chimique des ordures variées et des épaves des véhicules. Il y a également la présence des micro-organismes rejetés dans les excréments humains ou d'animaux susceptibles de contaminer d'autres personnes. Mégapole de plus de 12.000.000 d'habitants, Kinshasa ne dispose pratiquement pas de sanitaires publiques.

La pollution de l'eau par les déchets de l'activité humaine y est de plus en plus courante. Les eaux de Kinshasa renferment beaucoup de germes pathogènes, ce qui présente de gros risques pour la santé de l'homme. Une enquête menée auprès de deux centres de santé de la commune de Kasa-Vubu entre le premier trimestre 1995 et le premier trimestre 1996, a donné les résultats suivants : poliomyélite : 0 cas, soit 0 %; hépatite : 6 cas, soit 0,17 % ; spirochétose : 0 cas, soit 0 % ; typhoïde : 76 cas, soit 2,17 % ; choléra : 9 cas, soit 0,26 % ; amibiase : 102 cas, soit 2,91 % ; paludisme : 986 cas, soit 28,15; diarrhée rouge : 4 cas, soit 0,11 % ; diarrhée banale : 119 cas, soit 3,40 % ; parasitose : 501 cas, soit 14,30 %. Les cas de maladies non liées à la pollution pendant la même période sont au nombre de 1700, soit 48,53 %.

Comme on peut le constater, la pollution fait des dégâts immenses dans notre ville. A elle seule, elle provoque 51,47 % de cas de maladies tandis que toutes les autres maladies d'origines diverses ne représentent que 48,53 % de fréquentation hospitalière.

La pollution de l'air à Kinshasa est causée par le chauffage domestique, les véhicules automobiles dont la plupart fument, les usines et les décharges brutes. Lors de la décomposition des substances biodégradables, il y a cassure des molécules et libération de substances chimiques simples. Celles qui sont volatiles comme le souffre, le chlore et l'oxygène, rentrent dans l'atmosphère.

Tous ces types de pollution dont souffre la ville de Kinshasa, proviennent de plusieurs sources dont les principales sont : les ménages, les ateliers artisanaux, les écoles, les hôpitaux, les usines, les marchés, les centres commerciaux, les stades ainsi que les bureaux des différentes administrations. Ils sont dus à l'absence d'une politique générale de gestion et d'administration de la ville, à l'insuffisance d'une éducation relative à l'environnement urbain et bien plus, à la maigreur des moyens matériels et humains destinés à améliorer le cadre de vie des citadins.

Parlant de la pollution de l'air dans la ville de Lubumbashi, plus précisément à l'Est de la ville, dans un quartier abritant une importante entreprise minière, Mwamba Kalenga revèle que des habitants ont collectivement aspiré un air vicié qui a été très fatal dans l'ensemble. « Nous avons eu la vie sauve, mon épouse, mes enfants et moi, grâce à notre absence du quartier. Nous nous trouvions à l'église pour la prière cet après-midi-là quand, de retour, nous avions trouvé notre quartier en mauvaise passe : il y avait des toussotements étranges dans tous les ménages. L'air était vicié comme jamais. Nous avions vite fait de nous engouffrer dans la maison, en refermant les portes sur nous », m'a raconté un habitant.

Et de poursuivre : « Cette crise avait sérieusement sévi contre plusieurs familles. Après ces toux, d'autres ont été atteints de diarrhées et vomissements. On parle aussi de mort d'homme, toujours de suite de cette viciation de l'air ». Notre interlocuteur pense que cette entreprise ne devrait pas se situer à proximité de l'habitat. « L'Etat devrait nous sécuriser, et nous sécuriser davantage en délocalisant l'entreprise concernée. Nous ne savons où aller ; et nous n'en avons pas les moyens », a-t-il conclu.

Le danger étant permanent, le Gouvernement congolais à travers son ministère de l'Environnement et conservation de la nature, ne ménage aucun effort pour apporter des solutions durables à cette question. Quelques actions ponctuelles certes ont été faites, notamment dans les différents services de la direction de réchauffement climatique où beaucoup de rencontres ont été organisées tant au niveau interne qu'externe.

A titre illustratif, la conférence de l'OMS organisée à Genève (2014) où la RDC a pris part, avait invité les pays à opter pour des grands changements dans les politiques énergétiques, des transports et de santé. Plusieurs actions sont encouragées, entre autres la construction des centrales hydroélectriques, l'application stricte des mesures portant interdiction d'importation des véhicules vieux de plus de 10 ans et la promotion de certains modes actifs de déplacement, comme la marche ou la bicyclette, à la place des véhicules. Il faut sensibiliser les ménages pour limiter la production de gaz à effet de serre. Chaque année, le défi est d'éviter des millions de décès dus aux maladies provoquées par un niveau élevé de pollution de l'air.

Plus de 300 participants à la rencontre de Genève, dont des ministres et d'éminents experts de la santé, du climat et du développement durable, ont indiqué qu'il faille préparer les populations à adopter des mesures d'adaptation contre les effets de la chaleur, des maladies infectieuses et l'insécurité alimentaire.

Force est de constater malheureusement que la situation demeure encore loin d'être évoquée sérieusement dans la gestion du gouvernement congolais. Tous ces paramètres sont au rouge et rien n'est rassurant jusqu'à ce jour.

Face à cette situation, la présente étude va nous permettre en rapport avec la ville de Kinshasa de répondre à la préoccupation suivante : que faire pour atténuer les effets de la pollution atmosphérique affligeante qui accable les populations de la ville de Kinshasa à l'ère du réchauffement climatique ?

Le but de cette recherche est celui d'aller à l'écoute auprès des populations kinoises afin de susciter un dialogue autour des stratégies à mettre en place pour atténuer le degré de la pollution affligeante auquel elles font face. Ceci permettra à la population de prendre conscience du danger de cette situation, et éventuellement proposer des solutions durables à mettre à la disposition de celle-ci.

4.4. Méthodologie de recherche

Cette recherche est à la fois qualitative et quantitative, car les avis exprimés par des informateurs clés sont mesurés quant à leur ampleur ou à leur dispersion sur la population mère. Une première phase préparatoire consistera à :

Démarche et phases de l'enquête

- une pré-enquête sur les deux sites (Mont-Ngafula, N'sele) en vue d'observer les traits caractéristiques relatifs à la population cible et à l'objet d'étude (pratiques de pollution de l'air);
- une exploitation de la littérature disponible sur le sujet;
- des contacts avec quelques personnes ressources qui devraient être identifiées afin qu'un panel de personnes-clés soit accessible en vue de participer à la collecte de données qualitatives;
- une cartographie des points chauds de pollution de l'air sur les deux sites;
- cette phase préparatoire fournira les matériaux nécessaires à l'élaboration de la méthodologie pour la recherche empirique;
- un atelier de lancement solennel regroupant des couches sociales diverses en vue de leur sensibilisation pour une implication positive dans le processus de la production des données (recherche participative);

- les chercheurs, tout en privilégiant comme point de départ, l'observation de la pollution émanant des activités agricoles et des pratiques dans leur vie courante, des ménages ciblés par la présente étude, identifieront aussi des entités typiques (par exemple un milieu hospitalier où s'effectue une incinération archaïque des déchets post-maternels, un quartier de forte concentration des usines polluantes, un Carrefour abritant une multitude de cuisine de plein air, un itinéraire fréquenté principalement par des véhicules rafistolés, une boulangerie artisanale, des fours à braise,...), il s'agit en clair, des lieux et environnements qui amènent les communes de Mont-Ngafula et de N'sele à une telle expansion de la pollution atmosphérique ;

- les responsables de CGAT, CEPROSEM et FEPPAKIN vont être impliqués en des interviews approfondies au niveau de leurs sièges respectifs ;

- la population de cette étude (agriculteurs ciblés) sera interrogée au niveau des champs communs (Nzete ya mbila, Zamba Télécom) en vue de réduire les trajets à effectuer par les enquêteurs;

- ceux d'entre les agriculteurs ciblés qui, pour une raison ou une autre, ne seraient pas présents au champ au cours de la période de l'enquête, seront repérés par la technique de boule de neige;

- tenant compte du fait que ces agriculteurs sont peu ou pas scolarisés, la transcription des réponses des enquêtés sera assurée suivant le procédé indirect en vue d'économiser le temps et de réduire au strict minimum, le nombre de copies du questionnaire non retournées;

- de même, pour ceux d'entre eux qui ne savent ni lire ni écrire, les enquêteurs traduiront le questionnaire en langue locale (lingala, kikongo);

- les parents (papa ou maman) sont retenus pour l'enquête, mais chacun sera convié à remplir une fiche reprenant les traits caractéristiques de ses membres de famille.

Les instruments pour la collecte des données projetés pendant cette recherche pourront être réajustés sur base de la revue de la littérature à parachever et des enquêtes précédentes[43] sur la pollution de l'air en RDC. La méthodologie sera aussi mise au point en confrontation avec des réseaux internationaux étroitement impliqués dans le suivi de la pollution atmosphérique.

Techniques de collecte des données

Tableau I. Outils de production des données et leurs justifications

Techniques de collecte	Objectifs potentiels
Entretiens individuels/ responsables des ONGs	**Obtenir des informations sur :** - Plans et activités des ONGs qui encadrent les agriculteurs ciblés par l'étude (CGAT, CEPROSEM et FEPPAKIN) ; - Archives et points de vue de ces mouvements associatifs; - Gestion des activités et procédures administratives de leur réalisation ; - Documentations, expériences et législation relative à l'encadrement des paysans.

[43]Par exemple: Congo, Dem. Rep. - Informal Survey 2010 ; 1-2-3 enquête sur le secteur informel au RDC (2004-2005)

Techniques de collecte	Objectifs potentiels
Entretiens individuels approfondis	**Obtenir des informations auprès des responsables des ONGs sur :** - Problèmes/défis sur l'environnement; - Relations causales entre les activités agricoles et les risques de pollution de l'air; - Capacités institutionnelles des ONGs dans la sensibilisation, la prévention des risques de pollution de l'air; - Opportunités des options d'actions de la part des ONGs dans l'effort de conscientisation du danger de la pollution et de l'élaboration de stratégies de lutte contre la pollution de l'air.
	Obtenir des informations sur : - Les caractéristiques du contrat signé entre les ONGs et les agriculteurs; - Les dynamiques des agriculteurs sur la perception de la pollution de l'air ; - L'opinion des membres sur leur encadrement par les ONGs vis-à-vis du danger que représente la pollution de l'air; - La fréquence des maladies respiratoires; - La disponibilité de leurs membres de famille à participer à certaines activités de réduction des risques de pollution de l'air.
Guide de focus groups Les membres des oscs cibles	**4 focus groups seront organisés dans les deux sites de l'étude, en raison de deux focus par site dont l'un sera constitué de 8-10 femmes et l'autre de 8-10 hommes. Le but est de recueillir des informations sur les pratiques polluantes, les maladies dues à la pollution de l'air, les mesures envisageables pour minimiser la pollution et les acteurs qui peuvent être impliqués dans la lutte à mener…**

Techniques de collecte	Objectifs potentiels
Questionnaire échantillon	**Obtenir des opinions diverses :** - La mesure de l'ampleur des opinions qualitatives recueillies; - La diversification des opinions en vue des résultats plus globaux et objectifs; - La détection des opinions timides, marginales, mais significatives.
Observation des groupes cibles	**Obtenir des renseignements de façon directe :** - Des visites de terrain aux champs communs; - Des visites de quelques ménages.
Echange de mails/appels téléphoniques	**Obtenir la documentation** - Substituer l'entretien semi-structuré individuel quand le personnel ciblé n'est pas disponible ; - Assurer le suivi des entretiens.
Dépouillement des données : logiciel SPSS, CS Pro	**Apprêter les résultats à l'analyse**
Analyse et interprétation	Rendre intelligibles les contradictions à la base du déficit d'attention et de réaction prompte vis-à-vis des risques de pollution de l'air.

Limites de la méthodologie

Durant la conduite de terrain, en dépit du préalable classique du test des outils méthodologiques, l'équipe de recherche peut se heurter à quelques situations imprévues et dans ce cas, en concertation avec la coordination et le superviseur, elle réajustera ça et là, la méthodologie esquissée ci-dessus. La contextualisation s'affiche donc comme un exercice de routine face à l'épreuve des réalités locales.

Echantillonnage

Cet exercice d'échantillonnage est à spécifier selon la nature des données à collecter et selon les profils des individus à interroger.

Selon la nature des données, l'étude se propose un échantillon pour les données quantitatives et deux échantillons pour les données qualitatives. Celles-ci se distinguent selon les profils des individus à interroger. Ainsi, il est prévu un échantillon des participants aux focus groups et un échantillon des participants aux entretiens approfondis.

Pour ce qui concerne la collecte des données quantitatives, l'enquête couvrira tous les ménages de la population d'étude, car la taille de la population cible de l'étude est composée seulement de 120 ménages. De ce fait, il nous a semblé moins pertinent d'en tirer un échantillon.

Quant à la collecte des données qualitatives, le recrutement des participants aux focus se fera avec le concours de leaders des OSCS en fonction des critères ci-après :

- l'équivalence d'âge;
- l'équivalence du niveau d'instruction;
- les affinités

Au regard de ces critères, les leaders impliqués dans le recrutement fourniront des invitations à 8 ou 10 participants aux différents focus groups. Pour ce qui concerne les entretiens approfondis, une liste de tous les leaders ou responsables des OSCS sera constituée. De celle-ci, seront tirés, de manière aléatoire, 5-6 responsables, selon leurs rangs, par site.

Gestion risques liés à l'enquête de terrain

Pas de risques majeurs à caractère politique, sécuritaire, éthique ou moral susceptibles d'affecter le bon déroulement des activités du projet, car l'équipe de chercheurs est à la fois chevronnée et composée essentiellement des nationaux prestant dans un centre de recherche universitaire qui, depuis plus d'une décennie, bénéficie solidement de la confiance de la population et des instances publiques et, elle s'est révélée capable de gérer efficacement les écueils de terrain en milieu congolais.

Néanmoins, certains entrepreneurs dont les services polluent l'air peuvent présenter de résistance quant à la livraison de l'information complète et détaillée sur l'objet d'étude. S'agissant du caractère volatile du climat politique, cela n'est pas un obstacle fatal vis-à-vis de ce projet de recherche lorsqu'on sait que la RDC est un Etat expérimenté en matière de gestion des conflits et de compromis politiques. En outre, la thématique retenue ne relève pas fondamentalement du champ politique pour que son évocation soit source d'ennui pour les chercheurs. Chaque chercheur sera muni d'une attestation de recherche signée par la coordination et contresignée (autorisation) par l'autorité communale avant d'entamer le travail de terrain.

S'agissant spécifiquement de la gestion des risques, le projet entend atténuer ces risques par l'organisation des contacts d'information et de sensibilisation des parties prenantes lors du lancement comme en cours de réalisation du projet. L'association de ces parties aux activités de ce dernier et à la recherche des solutions en rapport avec le danger que représente la pollution de l'air ainsi que la garantie d'anonymat autour de tous les informateurs constituent autant d'atouts qui permettraient, à coup sûr, au projet d'atteindre ses objectifs.

Résultats attendus

Résultat global

Faire passer et intérioriser au sein des populations de Kinshasa, le message du danger de la pollution de l'air due aux différents foyers identifiés et de la manière dont il faut s'en prémunir afin d'atténuer son impact.

Résultats spécifiques

- sondage et réflexion participative de multi-acteur qui implique les OSCs et leurs membres, des institutions publiques (p.ex. ministère de l'Environnement et conservation de la nature, hôpitaux, entreprises et ménages) sur la problématique de la pollution de l'air à Kinshasa et les solutions potentielles et réalistes à mettre en œuvre ;
- développement des trajectoires de formation sur mesure des cibles spécifiques, notamment les mutuelles et les syndicats (p.ex. formation adaptée pour les mutuelles) afin qu'ils puissent sensibiliser leurs membres et faire un plaidoyer contre l'incinération archaïque des déchets des hôpitaux ;
- production des dépliants, des fascicules de formation et des matériaux d'éducation adaptés aux groupes cibles sur la pollution atmosphérique ;
- organisation des ateliers tripartites avec des représentants du ministère de l'Environnement et conservation de la nature, employeurs et syndicats pour stimuler le traitement de la problématique de la pollution de l'air à travers les mécanismes de dialogue social ;
- population des communes ciblées (particulièrement les couches les plus vulnérables : personnes âgées, enfants, femmes, notamment enceintes) sont sécurisées.

Evaluation

Le suivi et l'évaluation interne du projet seront assurés à travers un monitoring trimestriel visualisant la réalisation des activités planifiées.

La mise en œuvre des activités du projet fera l'objet d'une capitalisation qui va valoriser les différents moments du projet. Les résultats obtenus, les difficultés rencontrées, les apprentissages, les acteurs mobilisés feront l'objet d'une documentation exhaustive en vue de favoriser le partage des expériences acquises. A cet effet, les indicateurs de réalisation et les indicateurs de résultats sont :

- suivi : une base de données sera mise en place. Elle informera sur les situations que rencontrent les organisations de la société civile, les responsables des usines et des centres de santé, les activités réalisées, les résultats obtenus. Les informations sont régulièrement collectées, traitées par l'équipe/coordination du Projet et diffusées par les parties prenantes. Un système de monitorage régulier sur l'incidence de la pollution atmosphérique sera réalisé dans les différents sites;
- évaluation interne : la recherche – Action – Formation constitue à la fois un outil de suivi et d'évaluation interne du projet. Des rencontres trimestrielles seront organisées pour questionner l'analyse du contexte du programme, la pertinence des activités réalisées et leurs impacts. L'accent sera mis sur les leçons tirées de la mise en œuvre des activités et les apprentissages des bénéficiaires. Le suivi et l'évaluation interne du projet seront assurés à travers un monitoring trimestriel visualisant la réalisation des activités planifiées.
- la mise en œuvre des activités du projet fera l'objet d'une capitalisation qui va valoriser les différents moments du projet, les résultats obtenus et

les différents livrables : outils méthodologiques, manuels de formation, PV des réunions, listes des participants, rapports des ateliers, rapports des missions, rapports de monitoring et rapport final.

4.5. Activités du projet

Tableau II. Listes des activités, leurs descriptions, nombres des chercheurs et moyens matériels

Liste des activités du projet	**Brève description des activités**	**Nombre des chercheurs**	**Moyens matériels**
Résultat 1 : analyse documentaire et recherche empirique			
1.1. Revue de la littérature	Puiser de la littérature disponible les principales connaissances théoriques et surtout empiriques en vue de bien baliser la présente étude.	2	- consultation des : ouvrages, articles, rapports, internet
1.2. Identification des principaux foyers de pollution à Kinshasa	Explorer divers sites de pollution en vue d'en cibler les principaux à retenir.	6	-déplacement (véhicule/moto) -appareils photo, -bloc-notes, -stylos
1.3. Identification et contacts avec des acteurs clés des organisations de la société civile proches de la question de la pollution de l'air	Inventorier pour une sélection des organisations de la société civile qui peuvent impacter des effets multiplicateurs.	4	-véhicule/moto, bloc-notes, stylos

et des centres de santé de chaque site (Mont-Ngafula et N'sele)			
1.4. Sondage et réflexion participative de multi-acteur qui implique les OSCs	Collecter les données qualitatives auprès des acteurs des OSCs.	6	-dictaphones, bloc-notes, stylo, cartable, papiers duplicateurs
1.5. Production des dépliants et fascicules de formation et des matériaux d'éducation adaptés aux groupes cibles	Offrir des supports édifiants à des OSCs ciblées par l'étude.	4	-frais d'impression et brochage des documents divers
1.6. Production de divers outils méthodologiques par l'équipe de chercheurs (CDS-HIVA)	Offrir aux chercheurs retenus un cadre d'échange pour une harmonisation de vues sur l'ensemble des outils méthodologiques.	3	stylos, bloc-notes
1.7. Atelier de validation de la méthodologie avec la participation de quelques délégués des organisations ciblées pour l'enquête	Faire participer les acteurs sociaux à la production de la version finale des outils méthodologiques à utiliser.	20	-draft du document de la méthodologie, stylos, papiers duplicateurs, bloc-notes

1.8. Recrutement et formation des chercheurs-enquêteurs	Sélectionner et former les chercheurs-enquêteurs ayant le meilleur profil possible.	8	-manuel de l'enquêteur, bloc-notes, stylo, papiers duplicateurs, ordinateur, rétroprojecteur
1.9. Atelier de lancement officiel de l'enquête	Informer, sensibiliser et baliser la participation des parties prenantes à l'enquête.	100 invités	Salle d'atelier, argumentaire
1.10. Collecte de données (interviews approfondies, focus group, observations participatives, questionnaire d'enquête ainsi que des techniques de cartographie)	Engager des entretiens individuels et collectifs avec les membres des organisations de la société retenus pour l'enquête.	8	-sites retenus, dictaphones, cartables, stylos,
1.11. Encodage et dépouillement des données de l'enquête.	Les ménages des producteurs agricoles membres de FEPPAKIN		
1.12. Analyse des résultats des données collectées et rédaction du rapport final	Discussion et interprétation des données collectées au cours de l'enquête et rédaction du rapport.	4	Ordinateur, retranscriptions, papier, duplicateur, stylos, dictaphones
1.13. Réunion de validation du rapport final de l'étude avec l'ensemble de chercheurs impliqués dans l'étude	Offrir un cadre d'appréciation pour adoption du rapport final par l'ensemble de chercheurs impliqués.	12	Draft du rapport final, rétroprojecteur, stylo, bloc note

Résultat 2 : Valorisation & échanges			
2.1. Atelier de restitution des résultats de l'étude à l'attention des délégués des organisations impliquées dans l'enquête	Cadres d'amendement pour adoption du rapport final.	25	Draft du rapport final, rétroprojecteur, stylo, papier duplicateur
2.2. Publication du rapport final (brochage ±500 exemplaires)	Imprimer pour distribution le rapport final qui sera exploité comme document de référence.	1	Ordinateur, imprimante, 4 cartouches, plus ou moins 100 rames de papiers duplicateurs
2.3. Développement des trajectoires de formation sur mesure des cibles spécifiques	Faciliter l'intériorisation et la maîtrise de l'expertise sur la protection de l'environnement et de la sécurité contre la pollution de l'air.	25	
2.4. Atelier de responsabilisation des organisations impliquées dans l'enquête suivi de la distribution des exemplaires du rapport final	Acte final sur l'appropriation de la protection de l'environnement et de la sécurité contre la pollution de l'air.	25	
2.5. Organisation des ateliers tripartites avec des représentants du	Créer une synergie entre les acteurs impliqués.	2	

ministère de l'Environnement et conservation de la nature, employeurs et syndicats			
2.6. Suivi et évaluation de l'impact du projet sur les bénéficiaires finaux (membres des organisations de la société civile et membres de leurs familles respectives et amis)	Activités qui seront assurées par les responsables des organisations visitées par l'enquête.	-	
Coordination et gestion	Travail qui lance, accompagne et clôture l'ensemble des activités du projet.	2	
Rédaction rapport narratif et financier	Travail de clôture du projet.	2	
Total			

4.6. Monitoring

L'équipe du projet va organiser les comités permanents sur lesquels sera basé, à travers un nombre limité d'indicateurs sensibles, le système de monitorage sur l'incidence de la pollution de l'air atmosphérique et sur les conditions hygiéniques du travail qui y prévalent.

4.7. Porteurs des activités et chronogramme

Tableau III. Activités, exécutants et chronogramme

Liste des activités du projet	Agents exécutants	Responsable	Chronogramme
Validation du projet	Chercheurs CDS	WSM	-
Evaluation de base (étude de base)	Chercheurs CDS	Coordination du projet	janvier 2019
Résultat 1 : analyse documentaire et recherche empirique		Coordination du projet	février 2019
1.1. Revue de la littérature	Chercheurs CDS	Coordination du projet	février-mars 2019
1.2. Identification des principaux foyers de pollution à Mont-Ngafula et N'sele	Chercheurs CDS	Coordination du projet	février 2019
1.3. Identification et contacts avec des acteurs clés des organisations de la société civile proches de la question de la pollution de l'air	Chercheurs CDS	Coordination du projet	février 2019
1.4. Dépouillement des données d'archives des services publics en rapport avec la pollution	Chercheurs CDS	Coordination du projet	mars 2019
1.5. Élaboration d'un guide méthodologique pour la recherche empirique et le prélèvement de l'échantillonnage	Chercheurs CDS	Coordination du projet	mars 2019
1.6. Réunion équipe de chercheurs du projet : validation de la méthodologie	Chercheurs CDS	Coordination du projet	mars 2019

1.7. Atelier d'adoption des outils méthodologiques avec quelques délégués des organisations	CDS	Coordination du projet	avril 2019
1.8. Recrutement et formation des chercheurs-enquêteurs	Coordination projet	Coordination du projet	avril 2019
1.9. Enquête pilote	Chercheurs CDS	Coordination du projet	avril 2019
1.10. Atelier de lancement solennel des activités	Coordination projet	Responsables publics et acteurs sociaux	avril 2019
1.11. Collecte de données (interviews approfondies, focus group, observations participatives ainsi que des techniques de cartographie)	Enquêteurs	Coordination du projet	mai 2019
1.12. Analyse des résultats des données collectées et rédaction du rapport final	Chercheurs CDS	Coordination du projet	juin-juillet-août 2019
1.13. Réunion de validation du rapport d'étude	Chercheurs CDS	Coordination du projet	août 2019
1.14. Brochage du rapport final	CDS	Coordination du projet	septembre 2019
Résultat 2 : Valorisation & échange			
2.1. Atelier de restitution des résultats de l'étude et adoption du rapport final par les délégués des organisations impliquées dans l'enquête	Chercheurs, délégués des organisations	Coordination du projet	octobre 2019
2.2. Atelier d'information	Coordination du projet	Coordination du projet	novembre 2019

complémentaire et de formation			
2.3. Atelier de responsabilisation des organisations impliquées dans l'enquête suivi de la distribution des exemplaires du rapport final	Coordination du projet	Coordination du projet	novembre 2019
2.4. Supervision de la sensibilisation des membres par les responsables des organisations impliquées dans l'enquête	Responsables des organisations	Coordination du projet	décembre 2019
2.5. Evaluation de l'impact du projet sur les bénéficiaires finaux (membres des organisations de la société civile et membres de leurs familles respectives et amis)	Coordination du projet	Coordination du projet, ONGs impliquées	décembre 2019
2.6. Rédaction rapport narratif et financier	Coordination du projet/CDS	Coordination du projet/CDS	décembre 2019
2.7. Emissions télévisées pour vulgarisation des résultats			décembre 2019

4.8. Budget du projet[44]

Tableau IV. Eclatement budget projet pollution de l'air à Kinshasa/en $

ACTIVITÉS		PÉRIODE ET LIEU	UNITÉ	C.U ($)	QUANT.	COÛT TOTAL ($)
ACTION 1 ELABORATION ET VALIDATION DU PROTOCOLE DE RECHERCHE						
Activité 1.1 : Travail d'analyse documentaire						**3 000,00**
Dépense 1	Exploitation de la documentation / bibliothèque, Internet, Archive et autres Sources	Janvier - Mars 2019 à Kinshasa	Personne	75,00	4,00	300,00
Dépense 2	Prime Chercheurs (traitement documentation, synthèse et rédaction)	Avril 2019 à Kinshasa	Personne	600,00	4,00	2 400,00
Dépenses 3	Courses et communications diverses	Janvier à décembre 2019 à Kinshasa	pièce	75,00	4,00	300,00
Activité 1.2 : Production outils méthodologiques						**1 350,00**
Dépense 1	Conception démarche et phases de la Recherche	Janvier 2019 à Kinshasa	Personne	450,00	1,00	450,00
Dépense 2	Manuel de l'enquêteur et du superviseur	Janvier 2019 à Kinshasa	Personne	300,00	1,00	300,00
Dépense 3	Guide d'entretien/ Site et Ménage	Janvier 2019 à Kinshasa	Personne	100,00	1,00	100,00

[44] Financement de Bruxelles International et *We Social Mouvement*, 2019.

Dépense 4	Guide d'entretien/ Centre Hospitalier	Janvier 2019 à Kinshasa	Personne	100,00	1,00	100,00
Dépense 5	Questionnaire d'enquête	Janvier 2019 à Kinshasa	Personne	200,00	1,00	200,00
Dépense 6	Échantillonnag e	Janvier 2019 à Kinshasa	Personne	200,00	1,00	200,00
Activité 1.3 : Présentation du protocole au comité d'éthique						**1 170,00**
Dépense 1	Location salle	Février 2019 à Kinshasa	Jour	70,00	1,00	70,00
Dépense 2	Location vidéo projecteur et Sonorisation	Février 2019 à Kinshasa	Jour	100,00	1,00	100,00
Dépense 3	Impression des divers documents à partager	Février 2019 à Kinshasa	Pièces	1,50	100,00	150,00
Dépense 4	Cachets intervenants	Février 2019 à Kinshasa	Personne	62,50	4,00	250,00
Dépense 5	Collation des participants	Février 2019 à Kinshasa	Personne	10,00	60,00	600,00
ACTION 2 FORMATION DES EQUIPES DE TERRAIN						
Activité 2.1 : Formation des superviseurs						**300,00**
Dépense 1	Impression (manuels du superviseur et du coordonnateur)	Juin 2019 à Kinshasa	Pièces	1,25	20,00	25,00
Dépense 2	Transport et collations des participants	Juin 2019 à Kinshasa	Personne	10,00	10,00	100,00
Dépense 3	Location vidéo projecteur	Juin 2019 à Kinshasa	Jour	50,00	1,00	50,00
Dépense 4	Cachet animateur principal	Juin 2019 à Kinshasa	Personne	70,00	1,00	70,00

Dépense 4	Cachet animateur adjoint	Juin 2019 à Kinshasa	Personne	55,00	1,00	55,00
Activité 2.2 : Formation des enquêteurs						**574,95**
Dépense 1	Multiplication documents divers	Juin 2019 à Kinshasa	Pièces	3,33	15,00	49,95
Dépense 2	Transport et collations	Juin 2019 à Kinshasa	Personne	15,00	10,00	150,00
Dépense 3	Location video projecteur	Juin 2019 à Kinshasa	Pièce	50,00	1,00	50,00
Dépense 4	Location local	Juin 2019 à Kinshasa	Pièce	50,00	1,00	50,00
Dépense 5	Communicatio n	Juin 2019 à Kinshasa	Pièce	35,00	1,00	35,00
Dépense 6	Cachets des animateurs	Juin 2019 à Kinshasa	Personne	120,00	2,00	240,00
Activité 2.3 : Pré-enquête/ test projet de questionnaire						**454,95**
Dépense 1	Impression des divers documents	Juillet 2019 à Kinshasa	Pièces	3,33	15,00	49,95
Dépense 2	Location vehicule/Cours es diverses	Juillet 2019 à Kinshasa	Pièces	150,00	2,00	300,00
Dépense 3	Collation des enquêteurs, Sup et Coordinateur	Juillet 2019 à Kinshasa	Personne	15,00	7,00	105,00
Activité 2.4 : Atelier du lancement solennel du projet au Site de la N'sele						**520,00**
Dépense 1	Location salle	Juillet 2019 à Kinshasa	Pièces	50,00	1,00	50,00
Dépense 2	Impression des documents divers	Juillet 2019 à Kinshasa	Pièces	1,00	50,00	50,00
Dépense 3	Location vidéo projecteur	Juillet 2019 à Kinshasa	Pièce	50,00	1,00	50,00
Dépense 4	Collation	Juillet 2019 à Kinshasa	Personne	5,00	44,00	220,00

Dépense 5	Cachets intervenants	Juillet 2019 à Kinshasa	Personne	50,00	3,00	150,00
Activité 2.5 : Atelier du lancement solennel du projet au Site de Mont-Ngafula						**520,00**
Dépense 1	Location salle	Juillet 2019 à Kinshasa	Pièces	50,00	1,00	50,00
Dépense 2	Impression des documents divers	Juillet 2019 à Kinshasa	Pièces	1,00	50,00	50,00
Dépense 3	Location vidéo projecteur	Juillet 2019 à Kinshasa	Pièce	50,00	1,00	50,00
Dépense 4	Collation	Juillet 2019 à Kinshasa	Personne	5,00	44,00	220,00
Dépense 5	Cachets intervenants	Juillet 2019 à Kinshasa	Personne	50,00	3,00	150,00
ACTION 3 : INVESTIGATION						
Activité 3.1 : Récoltes des données						**5 555,00**
	Enquête Quantitative					
Dépense 1	Document divers	Août 2019 à Kinshasa	Pièces	1,50	100,00	150,00
Dépense 2	Courses enquêteurs + superviseurs	Août 2019 à Kinshasa	Jour	40,00	7,00	280,00
Dépense 3	Cachet Coordinateur	Août 2019 à Kinshasa	Personne	630,00	1,00	630,00
Dépense 4	Cachets Superviseurs	Août 2019 à Kinshasa	Personne	550,00	2,00	1 100,00
Dépense 5	Cachets des enquêteurs	Août 2019 à Kinshasa	Personne	450,00	4,00	1 800,00
	Enquête Qualitative					
Dépense 6	Dictaphone	Août 2019 à Kinshasa	Pièces	90,00	1,00	90,00
Dépense 7	Achat blocs notes, stylos	Août 2019 à Kinshasa	Pièces	1,00	10,00	10,00

Dépense 8	Cachets chercheurs (Jusqu'au dépouillement qualitatif des données)	Août 2019 à Kinshasa	Personne	650,00	2,00	1 300,00
Dépense 9	Courses diverses	Août 2019 à Kinshasa	Pièces	175,00	1,00	175,00
Dépense 10	Communication	Août 2019 à Kinshasa	Personne	20,00	1,00	20,00
Activité 3.2 : Encodage des données et productions des tableaux statistiques de l'enquête						**1 210,00**
Dépense 1	Analyste informaticien	Octobre 2019 à Kinshasa	Forfait	750,00	1,00	750,00
Dépense 2	Collaborateur/ Encodeur	Octobre 2019 à Kinshasa	Forfait	335,00	1,00	335,00
Dépense 3	Entretien et Maintenance machines CDS	Octobre 2019 à Kinshasa	Pièces	62,50	2,00	125,00
ACTION 4 : ANALYSE DES DONNEES						
Activité 4.1 : Analyse des données et discussion						**1 300,00**
Dépense 1	Analyse/HIVA	Novembre 2019 à Kinshasa	Personne	550,00	2,00	1 100,00
Dépense 2	Equipe de discussion	Novembre 2019 à Kinshasa	Personne	50,00	4,00	200,00
Activité 4.2 : Rédaction du rapport						**600,00**
Dépense 1	Cachet	Décembre 2019 à Kinshasa	Forfait	250,00	2,00	500,00
Dépense 2	Entretien et Maintenance machines CDS	Décembre 2019 à Kinshasa	Forfait	50,00	2,00	100,00
ACTION 5 : IMPRESSION DU RAPPORT						
Activité : Impression						**1 080,00**
Dépense 1	Impression du rapport et reliure à l'imprimerie	Décembre 2019 à Kinshasa	Pièces	7,20	150,00	1 080,00

ACTION 6 : PRESENTATION ET VULGARISATION DES RESULTATS						
Activité 6.1 : Restitution proprement dite						**1 350,10**
Dépense 1	Location salle	Décembre 2019 à Kinshasa	Pièce	50,00	1,00	50,00
Dépense 2	Location vidéo projecteur sonorisation	Décembre 2019 à Kinshasa	Pièce	100,00	1,00	100,00
Dépense 3	Courses diverses	Décembre 2019 à Kinshasa	Personne	100,00	1,00	100,00
Dépense 4	Impression/Invitation	Décembre 2019 à Kinshasa	Personne	1,00	50,00	50,10
Dépense 5	Transport des participants	Décembre 2019 à Kinshasa	Personne	15,00	50,00	750,00
Dépense 6	Cachet des présentateurs	Décembre 2019 à Kinshasa	Personne	100,00	3,00	300,00
Activité 6.2 : Emission télévisée pour la vulgarisation résultats						**500,00**
Dépense 1	Frais de diffusion média audio-visuel	Décembre 2019 à Kinshasa	Forfait	250	1	250,00
Dépense 2	Frais de diffusion/ Presse écrite	Décembre 2019 à Kinshasa	Forfait	50	1	50,00
Dépense 3	Frais de diffusion/ Site Internet	Décembre 2019 à Kinshasa	Forfait	200,00	1,00	200,00
Budget total						**19 485,00**

Cette illustration de la conception du projet pollution de l'air à Kinshasa est un exercice d'appropriation des principes de conception de projet exposés au chapitre précédent. Pour l'heure, découvrons les résultats obtenus à l'issue de la réalisation effective de ce projet. C'est la matière développée au chapitre qui suit.

Chapitre V
RESULTATS CONCRETS A L'ISSUE DE L'EXECUTION DU PROJET POLLUTION DE L'AIR A KINSHASA

Introduction

La matière de ce chapitre émane de l'aboutissement d'un projet d'étude financé par *Bruxelles International* et *We Social Movement*, exécuté sous notre direction par une équipe de chercheurs de la CDS en 2019. Certes, c'est une œuvre collective, mais qui porte indubitablement nos empreintes personnalisées. En plus, l'insertion de cette matière au niveau d'un chapitre de ce livre, l'a été avec l'accord spontané de nos jeunes collègues.[45] Nous ne nous étalons donc pas sur un propos déjà exposé à l'avant-propos de cet ouvrage.

Venons-en à présent d'abord, à l'intérêt et ensuite à la structure de ce chapitre. À propos de l'intérêt, sa justification se trouve déjà entamée dans le chapitre précédent. Au-delà des principes et d'une illustration de l'élaboration d'un projet de recherche, le temps est venu, dans le présent chapitre, d'exposer les principaux résultats obtenus de l'étude sur la pollution de l'air à Kinshasa et surtout aligner les recommandations qui en découlent. De cette façon, on comprendra, dans la vie du projet, le cheminement qui conduit de la conception à l'exécution jusqu'aux leçons à tirer pour rectifier le tir à l'avenir. C'est donc un chapitre

[45] I. MULAMBA FEZA, J.-P. MPIANA TSHITENGE, L. MIMBORO MUENDELE et R. NZEE SOKE.

pour convaincre davantage, si besoin en était, le gain à tirer des projets de développement communautaire.

S'agissant de sa charpente, ce chapitre comporte une dizaine de sous-thèmes importants les uns comme les autres. Ils s'alignent dans l'ordre ci-après : la pollution de l'air, un enjeu de l'heure ; la pollution de l'air à Mont-Ngafula et à N'sele : est-ce une fiction ? ; les déterminants de la pollution de l'air sur ces deux sites ; les acteurs de la pollution de l'air ; la connaissance du risque de la pollution de l'air par la population locale ; le degré d'engagement et les actions locales de prévention et de lutte contre la pollution de l'air ; la gouvernance dans la lutte (autorité publique et société civile) ; les conséquences sanitaires de la pollution de l'air sur les deux sites ; l'accès aux soins et qualité de prise en charge des patients atteints des maladies respiratoires, les perspectives d'avenir ainsi que les recommandations pour la réduction des risques de pollution de l'air à Kinshasa.

5.1. La pollution de l'air, un enjeu de l'heure

L'air fait partie des questions environnementales qui structurent les grands enjeux mondiaux contemporains. En effet, il est un élément fondamental et indispensable pour la vie. L'air fournit l'oxygène nécessaire à la respiration des êtres vivants. Avec ses différentes composantes, il constitue une ressource essentielle dont dépend la vie sur la terre. Sans air, il n'y a pas de vie. Pour se maintenir en vie, l'être humain inspire chaque jour environ 20 m^3 d'air. L'importance de l'air pour la vie humaine est telle qu'aujourd'hui le droit à l'air pur est devenu un droit humain inscrit dans la Déclaration universelle des droits de l'homme et dans le Pacte international relatif aux droits économiques, sociaux et culturels, et pleinement inscrit dans les objectifs de développement durable, le plan mondial pour la paix et la prospérité.

Pour jouer cette fonction vitale, l'air doit être pur, c'est-à-dire exempt des éléments susceptibles de l'altérer. Mais, aujourd'hui, sous l'effet combiné d'une diversité des facteurs anthropiques et naturels, l'air que nous respirons n'est plus nécessairement pur. Il est de plus en plus chargé des substances et des particules qui le rendent impur et donc nuisible à la vie. Cette présence des substances et particules en quantité importante dans l'air, non seulement produit des effets indésirables sur les êtres vivants et sur les matériaux, mais aussi perturbe le fonctionnement des écosystèmes.

Cette altération de la qualité de l'air autrement appelée *pollution de l'air* est un des indicateurs de la dégradation de l'environnement, de la qualité de vie, du bien-être social. Elle est aussi un facteur de changement climatique qui a pris de proportions très importantes de nos jours. Son ampleur est telle que plus de 90 % des humains, soit 9 humains sur 10, sont exposés à une qualité de l'air non satisfaisante pour la santé.

Ce phénomène planétaire n'occasionne pas seulement des gênes visuelles et olfactives, mais représente également un risque environnemental pour la santé dans le monde. En effet, une exposition prolongée à l'air pollué aggrave les symptômes chez des personnes souffrant des maladies chroniques et en même temps elle génère des maladies chez les personnes saines, notamment des maladies cardiovasculaires, respiratoires ou neurologiques. Elle favorise également des troubles de la fertilité et du développement de l'enfant. A noter que la pollution de l'air est classée comme cancérogène de type 1 (avéré) pour les êtres humains par le Centre international de recherche sur le cancer (CIRC), instance spécialisée de l'OMS. La menace que représente la pollution de l'air aussi bien pour l'humanité que pour l'environnement a justifié qu'elle ait été retenue comme le thème de la journée mondiale de l'environnement qui a eu lieu le 5 juin 2019 en Chine.

Selon l'Organisation mondiale de la santé, environ 7 millions de décès prématurés sont imputables chaque année à la pollution de l'air, soit 800 personnes par heure ou 13 par minute. En Europe, on enregistre chaque année 600.000 cas de décès liés à la pollution de l'air. En France, la pollution de l'air est responsable de 50.000 décès chaque année.[46]

La littérature rapporte à ce sujet que Pékin, en Chine et la ville de Mexico se disputent actuellement la palme de l'air le plus malsain au monde et 7 des pires villes en matière de pollution atmosphérique se trouvent en Chine. Toutefois, Los Angeles et Californie vivent une pollution extrême.

A Kinshasa, la pollution de l'air, selon Laddy Lombo Sedzo est due à la décomposition organique, chimique ou physico-chimique des ordures variées et des épaves des véhicules. Elle est également due à la présence des micro-organismes rejetés par les excréments humains ou d'animaux, qui sont susceptibles de contaminer d'autres personnes.

La pollution de l'air fait des dégâts immenses à Kinshasa. A elle seule, elle provoque 51,47% de cas de maladies tandis que toutes les autres maladies d'origines diverses ne représentent que 48,53% de fréquentation hospitalière. Les données du ministère de la Santé font état, en 2010 par exemple, des cas de bronchite, d'asthme et des maladies respiratoires en RDC, notamment chez les enfants. Il y a quelques années, un enfant sur dix souffrait des problèmes respiratoires. Mais aujourd'hui, d'après Jean-Marie Kayembe, spécialiste en pneumologie et professeur à la faculté de médecine de l'Université de Kinshasa, environ trois enfants sur dix souffrent des maladies respiratoires dans la ville de Kinshasa.

---

[46] www.ademe.fr/guides-fiches-pratiques consulté le 26 décembre 2019 à 12h55.

Les sources de la pollution, comme le démontre cette investigation, sont diverses et varient d'un contexte à un autre au regard des activités exercées dans chaque espace. Qu'en est-il des communes de Mont-Ngafula et de la N'sele, cible de la présente étude ?

5.2. Pollution de l'air à Mont-Ngafula et à N'sele : fiction ou réalité ?

Les communes de Mont-Ngafula et N'sele, sites d'investigation de la présente étude, se situent dans la couronne périphérique de la ville de Kinshasa. Elles forment respectivement la zone de transition entre la capitale congolaise et les provinces voisines de Kongo central au sud (Mont-Ngafula) et de Kwango à l'est (N'sele). Ce positionnement mitoyen et le caractère mi-rustique, mi- citadin de ces communes donnent sens au qualificatif « urbano-rural » leur accolé par l'administration urbaine.

Etendues l'une et l'autre sur une superficie de 358, 98 Km^2 et 898,79 Km^2, Mont-Ngafula et N'sele figurent parmi les plus vastes communes de la ville de Kinshasa avec une faible densité de 727 hab/Km^2 pour la première et 157 hab/Km^2 pour la seconde. En plus de ces vastes étendues non occupées, les deux communes comptent parmi les rares qui disposent encore d'une importante couverture végétale. L'activité industrielle y est inexistante et leur éloignement du centre-ville les met à l'abri de l'intense circulation des véhicules et de la poussière.

Ces avantages comparatifs inclinent le *Kinois* lambda à ne pas soupçonner la présence de la pollution de l'air dans les deux communes. On entend parfois les résidents déclarer que dans leurs communes, on respire « l'air bio », pour dire l'air pur. Même les habitants des autres communes en sont convaincus. Dans ce contexte, parler de la pollution de l'air à Mont-Ngafula et à N'sele relèverait d'une vue d'esprit, d'une naïveté comme ont semblé le croire certains enquêtés.

Pourtant, la réalité est loin d'être celle-là. La pollution de l'air est une réalité vivante dans ces deux communes bien qu'elle ne soit pas de la même ampleur que celle connue dans les autres communes situées au centre de la ville de Kinshasa ou dans des communes ou quartiers qui abritent des usines industrielles (Limete industriel, Kingabwa, Barumbu, Gombe, etc). Comme nous le remarquerons dans les pages qui suivent, les résultats de l'enquête montrent que de plus en plus, les habitants de ces communes se plaignent des odeurs nauséabondes endémiques, de la permanence et de l'excès des poussières, des fumées et de la chaleur qui les accablent chaque jour. Cette altération de l'air dans les deux sites de l'enquête est devenue, selon le propos d'un participant au focus group, un problème de société dont on parle tous les jours. Elle est le signe évident de la pollution de l'air dans les deux communes ciblées par la présente étude.

5.3. Déterminants de la pollution de l'air à Mont-Ngafula et à N'sele

La détérioration de l'air à Mont-Ngafula et à N'sele, ainsi que l'a révélé l'enquête, est liée à la diversité d'activités exercées par la population, à certaines pratiques et à la défaillance voire à l'inexistence des services publics en charge de l'assainissement de la ville de Kinshasa. Comme l'a si bien indiqué un médecin contacté au cours de l'enquête « *L'air est tout à fait pollué à cause d'une très grande activité diversifiée mais très peu coordonnée. Et cela se remarque bien même aux alentours immédiats de la maison communale située non loin de notre centre de santé (déchets des activités économiques informelles, plusieurs fours concurrentiels de maboke (papillotes), poussière débordante sur toutes les rues de Kinkole, feu de brousse, fumée de l'incinération des ordures, fumées de véhicules aux moteurs usés,...). Malheureusement, la population n'a pas une connaissance suffisante en la matière. Par ignorance, elle ne mesure pas le danger que cela représente pour sa santé.* »

Ces facteurs multiples agissent concomitamment sur l'air. L'accumulation de leurs effets pourra produire à la longue des graves nuisances si l'on n'y prend garde dès aujourd'hui. Pour plus de clarté de l'analyse, ces différents facteurs de pollution de l'air dans les deux sites investigués ont été regroupés en trois principaux déterminants, à savoir : les déterminants socioéconomiques, les déterminants sociotechniques et les déterminants socioculturels.

Déterminants socioéconomiques

Dans le contexte de la présente étude, les déterminants socioéconomiques de la pollution de l'air concernent l'ensemble d'activités exercées par la population dans le but, soit de garantir son autosubsistance, soit de générer un revenu. Ces activités sont multiples, mais dans le cadre de cette étude, nous retiendrons les plus significatives, c'est-à-dire celles ayant un impact majeur sur la qualité de l'air et celles identifiées en tant que telles par les enquêtés.

Rappelons ici que les deux sites sous examen font partie des communes urbano-rurales de la ville de Kinshasa. Dotées de vastes étendues de terre, ces deux communes, à la différence de celles situées au centre de la ville, connaissent une intense activité agro-pastorale. L'élevage et l'agriculture de subsistance et semi-industrielle y sont pratiqués aussi bien par la population autochtone que par celle venant des autres communes. Ces activités économiques indispensables à la survie de la population constituent malheureusement une source importante de la pollution de l'air.

En effet, à en croire les enquêtés, les fientes, la bouse ainsi que la décomposition des aliments provenant de l'élevage de la volaille, du petit bétail à domicile ou dans les fermes sont à l'origine des odeurs nauséabondes dont se plaignent les populations riveraines. Cette situation décriée par les enquêtés, date de plusieurs années. Selon eux, les démarches entreprises auprès des autorités municipales, n'ont pas produit de résultats satisfaisants jusqu'à ce jour. Dans la commune de Mont-Ngafula, l'enquête a révélé que la population du quartier Mosango est exposée permanemment aux odeurs nauséabondes provenant des fientes et de la décomposition des résidus des aliments de la volaille et du bétail de la ferme Billiard. A N'sele, les populations riveraines des grandes fermes telles que La cour suprême, Papa Léon, Gizenga et Nzete ya Mbila, sont confrontées au même défi. L'élevage à domicile des canards et de porcs produit les mêmes effets pour les résidents des parcelles voisines.

En ce qui concerne l'agriculture dans les deux communes, il sied de noter qu'elle est essentiellement paysanne et repose sur les techniques culturales traditionnelles. A ce titre, elle pollue l'air à une échelle réduite. A en croire les enquêtés, la pollution de l'air d'origine agricole affecte principalement les paysans eux-mêmes. Tel est le point de vue de 94,9% des enquêtés. D'après les membres de la coopérative CEPROSEM affiliée à la FEPAKIN ayant participé au focus group, la pollution de l'air d'origine agricole résulte de la manipulation sans protection (sans gant ni cache-nez) du fumier naturel (excréments des canards), de la poussière de sable soulevée à chaque coup de houe lors du labour et de l'eau malpropre utilisée pour l'arrosage des légumes. Ce point de vue a été également soutenu par les membres de la coopérative Nzete ya mbila/FEPAKIN qui déclarent que la manipulation des produits phytosanitaires sans protection ni alimentation adéquate expose les paysans de ladite coopérative à la pollution de l'air.

Outre l'agriculture et l'élevage, la pollution de l'air provient également des multiples fours à braise présents dans les deux communes, particulièrement à N'sele. Cette activité fournit à la fois l'énergie de cuisson à la population locale mais également un revenu par la commercialisation toujours accrue à Kinshasa du charbon de bois. Cet intérêt économique ne peut cependant occulter les effets environnementaux néfastes de cette activité.

En effet, elle libère constamment la fumée et la poussière qui altèrent l'air respiré par la population riveraine. C'est la situation que vit la population du village Bana I, situé dans le quartier Bel Air dans la commune de la N'sele qui voit, contrairement à la dénomination de son quartier, l'air continûment pollué par des fours à braise à répétition. Au cours du focus group tenu avec cinq hommes membres de la coopérative Nzete ya Mbila/FEPAKIN, un participant a déclaré avec désarroi « *notre localité pourtant éloignée des grands carrefours bondés de monde et d'activités de pollution de l'air, est essentiellement polluée par des fours à répétition de fabrique de charbon de bois utilisé pour la cuisson locale des aliments et principalement comme activité génératrice de revenu.* »

Dans les deux communes, la pollution de l'air provient également des boulangeries artisanales qui crachent la fumée et libèrent les particules de la farine ainsi que la poussière des cendres.

En l'absence des mécanismes efficaces et cohérents de gestion des effets nocifs générés par les activités socioéconomiques de la population de deux sites, celles-ci représentent un danger pour la santé de cette population.

Déterminants sociotechniques

Les activités socioéconomiques ne sont pas les seules responsables de pollution de l'air dans les deux sites investigués. A côté d'elles, il existe une diversité des pratiques polluantes identifiées pendant l'enquête et qui méritent d'être mentionnées. Nous les qualifions de déterminants sociotechniques dans la mesure où elles sont révélatrices de l'existence ou du déficit d'un « savoir-faire local » relatif à la gestion des résidus des activités humaines.

Commençons par indexer le feu de brousse, technique traditionnelle destinée soit à débarrasser les champs des mauvaises herbes avant les semailles, soit à piéger les gibiers dans le cadre de la chasse. Le brulis incessant des brousses libère une importante quantité de dioxyde de carbone qui gêne la respiration et la vue, dans une large mesure, peut provoquer à la longue des cardiopathologies. Il en est de même de l'incinération à longue durée (1 mois ou plus) des décharges publiques. L'amoncellement des immondices dans les quartiers résidentiels, en plus du désagrément qu'il entraîne pour la vue, produit des odeurs nauséabondes qui nuisent à l'air respiré par la population environnante. Dans certains cas, il encombre ou rétrécit les avenues et gêne la circulation aussi bien des piétons que des automobiles. L'ampleur de ces décharges publiques est telle que 45,6% des enquêtés estiment qu'elles constituent le principal foyer de pollution de l'air dans leurs communes respectives et ce, pendant la saison sèche en particulier. Pensant s'en débarrasser, les habitants s'ingénient à les incinérer provoquant une ignition de plusieurs jours produisant une fumée qui dégrade la qualité de l'air. Le marché Matadi Kibala passe, de ce point de vue, pour le principal pollueur de Mont-Ngafula, commune du reste non pourvue en décharge publique.

Outre l'incinération des décharges publiques, l'évacuation dans la rue ou l'enfouissement dans le sol des déchets solides et liquides adoptés par la population de ces deux communes, comme d'ailleurs celles des autres communes, sont des facteurs de la pollution de l'air. A Mont-Ngafula comme à N'sele, la population ne dispose pas de poubelles. A défaut de cet équipement, la population déverse les ordures ménagères et les eaux usées dans la rue, au mieux les enfouit dans le sol au vu et au su de tous. Certains centres de santé présents dans les deux communes, notamment la Fondation pédiatrique de Kimbondo/Maman Koko (Mont-Ngafula) et le Centre hospitalier Etonga (N'sele), ont emboité le pas. Ils procèdent également à l'enfouissement des déchets qu'ils produisent. En cas de pluie, les immondices et les déchets des hôpitaux enfouis dans le sol et en cours de décomposition, remontent à la surface et dégagent des odeurs répugnantes.

De même, dans le but de ralentir la progression des ravins, la population s'emploie à y déverser des immondices ménagères et autres détritus qui, par la suite, dégagent de façon continue des odeurs insupportables. La commune de Mont-Ngafula avec ses innombrables ravins se trouve particulièrement concernée. Parcontre, la commune de la N'sele, elle, sert tout simplement de poubelle, mieux de décharge publique, à toutes les 23 autres communes de la ville de Kinshasa. C'est à N'sele que les camionneurs-ramasseurs des immondices se donnent rendez-vous pour le jet final. Cette situation a été davantage manifeste au cours des années 2009 à 2015 où l'Union européenne à travers le Projet d'Appui à la Réhabilitation et l'Assainissement Urbain (PARAU) est venue à la rescousse de la ville de Kinshasa en cette matière.

Par ailleurs, Kinshasa, une mégalopolis de près de 14 millions d'habitants, souffre d'une carence notoire des latrines publiques. Les pouvoirs publics semblent ne pas s'en préoccuper. Même les opérateurs privés ne s'intéressent pas à investir dans ce secteur. La population s'y accommode.

Cette carence contraint le *Kinois* moyen, pressé par des besoins physiologiques, à uriner et à déféquer à l'air libre dans la nature. Les alentours des édifices publics, des écoles et des hôpitaux, des terrains de jeu, des marchés, etc. sont à cet effet, des lieux les plus sollicités. Les murs de leurs clôtures sont généralement rongés par l'urée résultant des urines et jonchés des excréments qui dégagent des puanteurs polluant l'air. L'inscription très répandue « Epekisami kosuba awa/interdiction d'uriner en ce lieu » atteste bien notre propos. Cette situation s'observe également dans de nouveaux quartiers, à l'instar du village Bana I dans le quartier Bel Air de la commune de la N'sele où du fait du manque des installations hygiéniques adéquates (WC et douches), les habitants se soulagent dans la nature. Même dans les quartiers où existent ces installations, dans certaines parcelles les fosses septiques sont généralement béantes libérant continûment les odeurs nauséabondes. Aussi, certains habitants s'ingénient à vider sans gêne ces fosses septiques dans la nature nuisant ainsi à la santé de leurs voisins.

L'on peut enfin signaler la pollution de l'air résultant de la putréfaction à l'air libre des organismes biologiques tels que le chien, le chat, etc. à l'origine de la nuisance éprouvée par les habitants des milieux environnants.

Tous ces déterminants sociotechniques agissent sur le fond de la défaillance des services publics, particulièrement celui en charge de l'environnement. Dans les deux communes, ce qui est d'ailleurs vrai pour toutes les autres communes de la ville de Kinshasa, le service communal de l'environnement est inopérant. Outre le fait qu'il ne dispose pas de ressources humaines, matérielles et financières nécessaires à l'accomplissement de sa mission, ce service fait également preuve d'un manque criant de politique et de stratégies en matière de gestion de l'environnement. Du fait de ce déficit, ce service est quasiment réduit à octroyer les autorisations d'abattage des arbres.

Déterminants socioculturels

Par déterminants socioculturels de la pollution de l'air, nous entendons les mentalités et les comportements des populations des deux communes qui favorisent la survenance de cette pollution dans leur milieu de vie. Au-delà des pratiques déjà signalées plus haut et qui dénotent des mentalités et des comportements polluants, il sied de mentionner l'ignorance sinon l'insouciance de la population concernant les questions de l'environnement ainsi que son accommodation à un environnement malsain.

Une série d'actes et d'attitudes étaye cette affirmation se rapportant à des déterminants socioculturels de pollution de l'air dans les sites de la présente investigation.

S'agissant des actes, il y a lieu de répertorier, entre autres :

- la consommation de tabac sous des formes diverses (cigarette produite à l'usine, feuille de tabac farinée et mélangée à d'autres ingrédients aspirée par les narines,...) est très courante au sein des populations investiguées. Les fumeurs se comportent comme s'ils n'avaient de leçon à recevoir de personne. Or, cette consommation est à l'origine des maladies graves à l'instar du cancer de poumon, de l'emphysème, des maladies et crises cardiaques, l'impuissance chez l'homme, le cancer de la vessie, de la bouche, de la gorge, du pancréas, du rein, de l'estomac,... le tabac fait aussi des dégâts considérables dans les maisons (incendie), de brûlure et surtout des odeurs de fumée. Il faut aussi ajouter le sort des *fumeurs passifs*, c'est-à-dire les non-fumeurs qui respirent régulièrement la fumée des cigarettes des fumeurs à domicile, dans les terrasses, restaurants, bus de transport en commun, etc. les bébés, les jeunes enfants, les femmes enceintes, les personnes âgées comptent parmi les plus vulnérables à ce sujet.

- la pollution de l'air intérieur à Mont-Ngafula et à la N'sele est très caractéristique. Elle est due, de manière générale, à la mauvaise aération dans les maisons, au surpeuplement dans les habitations, à la présence de l'humidité, des moisissures, des vêtements malpropres entassés pendant plusieurs jours dans des pièces. En plus, dans des maisons malpropres, l'activité des cancrelats, des rats, des araignées avec leurs toiles, et celle d'autres parasites, contribuent aussi à vicier de manière notable l'air intérieur ;

- la pratique généralisée de dépotoir en milieu urbano-rural où le ménage déverse toute sorte d'ordures dégageant à la longue une odeur désagréable ;
- de grillades des poissons et viandes dans une huile préalablement chauffée à 120° qui répandent des odeurs piquantes dans l'entourage du ménage d'émission ;
- l'implantation de fours à grillade dans des quartiers résidentiels et à des endroits publics (carrefours) qui gênent constamment la respiration ;
- la banalisation de la cellule servant de cuisine, généralement étroite et peu ou pas aérée, où l'on utilise le bois de chauffage exténue les ménagères qui y passent, quotidiennement, plusieurs heures ;
- la construction vite faite de WC au simple trou béant qui renvoie constamment son secret à la surface ;
- l'utilisation chaque nuit des pots non couverts pour usage physiologique, au départ par les jeunes enfants et, de plus en plus, par les adultes aussi, particulièrement dans des quartiers où l'insécurité bat son plein ;
- l'implantation de moulins à maïs et à manioc dans les quartiers résidentiels qui aspergent tous les riverains ;
- la cohabitation dans le même habitat avec la volaille qui libère chaque nuit, sans procès, leurs excréments dégageant un parfum nuisible à la respiration humaine ;
- la pulvérisation endémique de l'insecticide pour se prémunir contre le paludisme finit par dénaturer l'air dans l'ensemble des pièces de la

résidence et, plus spécifiquement, l'antimoustique dénommé *33 tours* ou *mosquito* qui, lancé par une tige d'allumette, dégage sa fumée toute la nuit, mettant, malheureusement, en mal la respiration humaine ;

- etc.

Enfin, en ce qui concerne les attitudes qui révèlent l'insouciance ou l'accommodation au fléau ciblé dans cette étude, il y a lieu d'évoquer :

- l'implantation des activités telles que : *malewa, terrasse, fabrique des beignets,...* aux côtés de flaques d'eau puante, des toilettes nauséabondes, sans que l'exploitant et ses clients ne soient traumatisés ;
- la puanteur de la plupart des centres de santé ne constitue pas du tout un obstacle à leur fréquentation journalière ;
- l'accommodation à l'absence des latrines publiques a rendu naturelle la défécation à tous les endroits, fussent-ils publics, etc.

5.4. Acteurs de la pollution de l'air à Mont-Ngafula et à la N'sele

Par acteur de la pollution, nous entendons des individus, des groupes d'individus ou des institutions qui, par leur action ou inaction, contribuent à la dégradation de la qualité de l'air dans les communes investiguées. A la suite de l'enquête, les acteurs de la pollution de l'air sont les ménages, les individus, les entreprises agropastorales, les structures sanitaires et l'Etat.

Les ménages

Les ménages, par leurs activités domestiques et économiques sont des acteurs de la pollution de l'air dans les deux communes. La cuisson avec du bois ou du charbon de bois, l'élevage à domicile des volailles et du petit bétail, l'usage des insecticides pour combattre les moustiques, les activités agricoles, l'enfouissement des ordures, leur incinération ou leur jet dans les ravins sont autant des pratiques développées par la population pour se débarrasser des déchets solides et liquides et qui contribuent à la pollution de l'air.

Les individus

Le jet libre et spontané de déchets de toute nature, le rejet des urines à tout endroit et même la défécation dans la nature, la consommation du tabac, la conduite des véhicules au moteur sous pression, le feu de brousse, l'incinération des pneus usés sont autant des comportements qui marquent la quotidienneté du *Kinois* moyen. Aussi, l'enquête a-t-elle révélé la part non négligeable de la pollution produite par particulièrement la population jeune dépourvue de la culture urbaine.

Les entreprises agropastorales

Les entreprises agropastorales figurent parmi les acteurs pollueurs de l'air singulièrement dans la commune de Mont-Ngafula où les fermes Billard et Dokolo constituent la source des odeurs nauséabondes provenant des fientes des volailles, de la bouse du bétail et de la décomposition des résidus des aliments du bétail et de la volaille.

Les structures sanitaires

Lieux du salut pour la population du fait des soins de santé qu'ils procurent, les structures sanitaires sont également des acteurs de la pollution de l'air. Par manque des véritables crématoriums et des méthodes de gestion des déchets, les structures de santé enfouissent ou se débarrassent des déchets médicaux dans la nature provoquant ainsi la pollution du sol et de l'air.

L'Etat

L'Etat fait partie des pollueurs du fait de son inaction vis-à-vis des questions environnementales, en général, et de la pollution de l'air en particulier. A tous les niveaux de responsabilité publique, on note l'absence de politique publique, des programmes et des actions en matière d'assainissement et de lutte contre la pollution de l'air.

En ne mettant pas à la disposition de ses services des ressources matérielles, financières et humaines adéquates, l'Etat ne favorise pas la mise en place des actions visant à contrer la pollution de l'air. Son laxisme à l'endroit de la population, en général, et des grands pollueurs, de manière spécifique, en fait un complice de la pollution de l'air.

5.5. Connaissance du risque de la pollution de l'air

Bien que sans ampleur gigantesque comme sous d'autres coins du monde où le ciel est toujours gris, la réalité de la pollution de l'air à Mont-Ngafula et à N'sele est indéniable ainsi que l'ont attesté les résultats de l'enquête tels que discutés dans les points précédents. Mais, la connaissance de son existence (ou de sa virtualité) au sein de la population n'est pas une évidence à postuler *a priori*. Celle-ci suppose que le jugement que la population a de la qualité de l'air correspond exactement à l'état réel de l'air présent dans son milieu de vie. Ce qui n'est pas un allant de soi, particulièrement dans le contexte de cette étude où les questions touchant à l'environnement ne figurent pas dans les préoccupations quotidiennes de la population ciblée par l'enquête (sécurité, manger à sa faim, eau potable, énergie électrique fiable, voirie urbaine carrossable, scolarité d'une progéniture nombreuse, fluidité du transport urbain décent, loyer prohibitif,...). D'ailleurs, l'enquête a permis de constater que c'est lors des entretiens initiés dans le cadre de cette étude que la majorité des enquêtés s'est rendue compte que l'air pouvait faire l'objet d'une inquiétude, mieux d'une investigation scientifique.

Tenant compte du principe de l'hétérogénéité sociale qui doit fonder toute analyse en sciences sociales, ainsi que l'enseigne la théorie de l'Hypo-nivellement, l'enquête a cherché à savoir la variabilité du niveau de connaissance de la pollution de l'air ou de son éventualité dans les différentes catégories sociales retenues pour cette étude, à savoir les paysans regroupés dans les coopératives membres de la FEPAKIN et les résidents des quartiers investigués, les professionnels de la santé et l'autorité locale.

Concernant la population, c'est-à-dire les membres des coopératives affiliées à la FEPAKIN ayant participé aux focus group et quelques résidents des quartiers investigués ayant répondu au questionnaire, les résultats de l'enquête montrent que cette dernière n'a pas une connaissance suffisante sur la pollution de l'air, en général, et sur la pollution de l'air dans leur milieu de vie, en particulier. Certes, l'enquête par questionnaire indique que 84,8% d'enquêtés affirment avoir déjà entendu parler de la pollution de l'air, mais les entretiens ont révélé que la plupart d'entre eux n'en connaissent pas la vraie signification dans toutes ses extensions.

L'analyse bi-variée des résultats de l'enquête par questionnaire étaye bien ce point de vue. En croisant les opinions des enquêtés sur la connaissance de la pollution de l'air et le niveau d'instruction, on s'aperçoit que seuls les universitaires interrogés et qui ne représentent que 11% de l'ensemble des enquêtés, ont la connaissance de la pollution de l'air tandis que les autres catégories (non instruits, le niveau primaire et secondaire), n'en ont pas.

En effet, les enquêtés relevant de ces catégories limitent la pollution de l'air, notamment à la seule émission dans l'air des substances toxiques par les industries et autres usines et ignorent les autres formes et sources de pollution de l'air. Ainsi, pour ces enquêtés, il est infondé de parler de la pollution de l'air dans leur milieu de vie qui pourtant baigne dans des immenses espaces verts et sans industries polluantes. C'est cette conception erronée de la pollution de l'air qui amène la population à développer des pratiques polluantes sans s'en inquiéter.

Comme l'ont fait remarquer les femmes membres de la coopérative Nzete ya mbila ayant pris part au focus group qui, après des explications idoines données par l'équipe d'enquête sur la notion même de la pollution de l'air : « *c'est par manque des connaissances que nous sommes responsables de la pollution de l'air* ». Et cette ignorance fait que « *la population ne réalise pas l'ampleur du danger que cela représente contre sa santé* », avait martelé Madame le chef de service de Nursing du Centre hospitalier Etonga de la commune de N'sele.

Du côté des professionnels de soins et des autorités administratives locales, c'est l'inverse qui a été constaté. De par leur profession et leur responsabilité, ces derniers ont une connaissance vraie de la pollution de l'air, non seulement sur le plan notionnel, mais aussi et surtout sur l'éventualité de sa présence dans leur milieu de vie et de travail. Comme l'a souligné le médecin directeur de la Fondation pédiatrique de Kimbondo/Maman Koko de Mont-Ngafula « *L'air est tout à fait pollué ici. Les fermes de volaille, des tas d'immondices jetés çà et là, la poussière comme vous pouvez vous en rendre compte même devant notre hôpital, attestent bien mon affirmation.* » Cette présence de la pollution a été également affirmée par le responsable du service de l'environnement de la commune de la N'sele. Au cours de l'entretien, celui-ci avait avancé que « *l'air à N'sele est de plus en plus pollué par les différents sites de décharges publiques dans la municipalité ainsi que par de nombreux véhicules diesels et/ou à des moteurs usés à destination du Grand Bandundu. Aux côtés de ces réservoirs gigantesques de pollution, s'alignent notamment des feux de brousse répétitifs, des fumées dégagées par quelques usines et fermes de volaille, de porcs, des vaches, des fours à braise, à cabri, des ordures ménagères, des cimetières, etc.* »

De ce qui précède, les résultats de cette enquête autorisent d'affirmer que bien que la pollution de l'air soit une réalité vivante dans les deux communes investiguées, mais malheureusement ignorée par la majorité des habitants de ces municipalités. Cette ignorance de la population constitue la meilleure condition de la perpétuation des pratiques polluantes dont l'intensification participera à la dégradation de l'environnement et à la détérioration de la qualité de vie et de la santé de la population.

En d'autres termes, l'ignorance par la population de la pollution de l'air tant sur le plan notionnel que sur le plan factuel limite sa prise de conscience du risque que représente ce fléau à l'origine de plusieurs maladies et décès tels qu'indiqués dans les différents rapports des organismes internationaux, des structures nationales en charge de la santé ainsi que dans des études scientifiques mentionnées à l'entrée de cette analyse et dans la revue de la littérature y relative.

5.6. Degré d'engagement et actions locales de prévention et de lutte contre la pollution de l'air

La pollution de l'air, au regard de la revue de la littérature et les résultats de cette étude, constitue une menace pour l'environnement et pour la vie, particulièrement la vie humaine. Elle appelle de ce fait la mobilisation aussi bien individuelle que collective en vue de l'éradiquer, sinon d'en réduire la portée et d'en limiter les effets. Cette mobilisation, ainsi que l'enseignent toutes les théories de l'action, est tributaire de la trilogie *savoir*, *vouloir* et *pouvoir*. C'est l'articulation de ces trois dimensions de l'action sociale qui en détermine la matérialité et l'efficacité. Autrement dit, une désarticulation dans cette trilogie conduit à l'immobilisme ou à la stagnation. *Sans savoir, on ne peut vouloir ni pouvoir*, de même on ne peut pas si l'on ne veut pas ou l'on ne connait pas.

L'analyse des résultats de l'enquête à la lumière des principes évoqués ci-dessus met en évidence la désarticulation des trois déterminants de l'action qui produit finalement des effets contraires aux résultats attendus. En effet, l'enquête a révélé, et nous l'avons davantage souligné dans le point précédent, qu'une partie importante de la population n'avait pas de connaissance suffisante sur la pollution de l'air. Non seulement elle ignorait le sens de ce vocable, mais méconnaissait la virtualité de sa présence dans son milieu de vie.

En conséquence, cette ignorance inhibe la prise de conscience de ce fléau, mieux la volonté d'agir en connaissance de cause pour l'endiguer. Elle conduit par contre, à des initiatives qui renforcent le mal à combattre.

Ainsi, comme on le verra dans les lignes qui suivent, les actions menées ou envisagées dans le cadre de la lutte contre la pollution de l'air dans les communes de Mont-Ngafula et de la N'sele contribuent, soit à l'aggravation de la pollution de l'air, soit à la pollution du sol tandis que d'autres ne relèvent de purs souhaits ou des évocations d'un passé « glorieux ».

En effet, du point de vue des enquêtés, la lutte contre la pollution de l'air dans leurs communes respectives procède de plusieurs actions combinées, entre autres l'évacuation des immondices par chariot (pour les familles plus ou moins stables économiquement), l'incinération des déchets, le jet des déchets dans les ravins, l'enfouissement des immondices, l'opération salongo hebdomadaire, la construction des décharges publiques, la distribution des bottes, gants, masques de protection à tous les membres de la coopérative, la sensibilisation et l'éducation sur l'assainissement du milieu par les chefs de quartiers, la couverture des toilettes artisanales, la construction progressive des toilettes modernes, la lutte contre la pratique de la défécation dans la nature.

Un examen rapide des initiatives locales de lutte contre la pollution de l'air évoquée par les enquêtés permet de remarquer par exemple que :

- l'incinération des déchets, le jet des immondices dans les ravins participent plus à la pollution de l'air qu'à son éradication ;
- l'évacuation des immondices par le chariot ou leur enfouissement contribuent à la fois à la pollution de l'air et du sol ;
- l'opération salongo organisée chaque samedi par les municipalités expose à la pollution ceux qui s'y livrent du fait qu'ils ne disposent pas des équipements appropriés, voire la population tout entière du fait que les déchets rassemblés à l'occasion de cette opération restent longtemps sur les artères et autres lieux publics, mais bien souvent, ces déchets sont incinérés entrainant du coup la pollution au travers de la fumée ;
- la distribution des bottes, des gants, des masques de protection à tous les membres de la coopérative est une action passée initiée par le CEPROSEM en faveur de quelques paysans que cette structure encadre ;
- la construction des sites de transit des décharges et des toilettes publiques modernes dans les quartiers en tant que projet a montré déjà ses limites au vu des expériences vécues dans les autres communes où, du fait de la non implication suffisante des pouvoirs publics, ces infrastructures sont devenues de véritables sources de pollution de l'air ;
- les efforts de sensibilisation de la population par les chefs des quartiers en vue de lutter contre la

pollution de l'air, notamment en invitant la population à couvrir les fosses septiques et à éviter de déféquer dans la nature. Là aussi, il y a lieu de relever les limites de leur action suite à l'ignorance de la population du danger que représente la pollution de l'air, au manque d'expertise en la matière et des ressources matérielles et financières auxquels ils sont confrontés.

Au vu de ce qui précède, il y a lieu de souligner que dans les deux communes investiguées, il n'existe pas un véritable engagement et des vraies actions locales de prévention et de lutte contre la pollution de l'air. Et cela, non seulement au niveau de la population, mais aussi au niveau des pouvoirs publics comme on le constatera dans le point qui suit.

5.7. Gouvernance dans la lutte : autorité publique et société civile

La pollution de l'air, par ses manifestations et ses effets, relève à la fois des questions environnementales et de santé publique. A ce titre, elle appelle des politiques et des actions publiques spécifiques que matérialisent les services étatiques à différentes échelles. Au niveau des communes où la présente étude a été réalisée, il existe un service en charge de l'environnement dont l'une des attributions est l'hygiène et l'assainissement. L'enquête auprès de ce service dans les communes de Mont-Ngafula et de la N'sele a consisté à vérifier le niveau de connaissance des préposés sur la pollution de l'air et d'identifier des actions menées par ledit service pour lutter contre ce phénomène.

La préoccupation relative à la connaissance de la pollution de l'air à ce niveau de responsabilité publique a été suffisamment débattue dans les points précédents pour qu'on y revienne encore ici. Dans ce point, il sera exclusivement question d'analyser les initiatives, s'il en existe, mises en place pour lutter contre la pollution de l'air dans les deux communes précitées.

Comme signalé plus haut, le service de l'environnement dans les deux communes a pour mission, entre autres, de maintenir l'hygiène publique et d'assurer l'assainissement de l'espace. A ce titre, ce service est censé surveiller l'implantation des activités économiques qui, de par leur existence même, contribuent à la dégradation de l'environnement, assurer le suivi de l'abattage des arbres, la fabrication, la vente et l'achat des charbons de bois et réaliser des études pour dépister des maladies épidémiques ou endémiques ainsi que des risques de dégradation de l'environnement. Ces missions, rien que par leur énonciation, attestent l'importance que revêt un tel service dans la lutte contre la pollution de l'air.

Cependant, l'enquête a révélé que ce service, aussi bien à Mont-Ngafula qu'à la N'sele, n'entreprend aucune action qui rentre dans le cadre de ses prérogatives légales. En effet, le service de l'environnement dans les deux communes survit dans la précarité. Il ne dispose ni d'infrastructures, ni d'équipements et moins encore des ressources humaines et financières à la hauteur de ses missions.

Coincé dans des bureaux exigus, sans meubles et non suffisamment aérés, ce service est animé par un personnel vieillissant en nombre insignifiant sans formation ni recyclage. Dans la commune de Mont-Ngafula, par exemple, le service de l'environnement ne dispose pas d'un vétérinaire, d'un agronome ou d'un environnementaliste qualifié pour réaliser des études scientifiques susceptibles de dépister des maladies et les risques environnementaux. Ce manque de formation et de recyclage est déploré par un membre du personnel du service de l'environnement de la commune de la N'sele en ces termes : « *Il n'existe pas un programme, ni un plan de recyclage en vue de renforcement des capacités surtout au regard des innovations technologiques et de gestion. Toutefois, il se tient annuellement une rencontre basique regroupant tout le personnel dont l'impact n'est pas significatif sur le renouvellement de connaissances.* » En outre, le personnel de ce service ne dispose pas de matériels roulants pour assurer sa mobilité sur le terrain et des engins pour enlever les immondices qui s'amoncèlent dans les différents quartiers.

Il en résulte qu'aucune action sérieuse en matière de lutte contre la pollution de l'air n'a été menée au niveau du service de l'environnement de deux communes. Un agent de ce service l'a reconnu lorsqu'il a affirmé qu'*aujourd'hui, je peux considérer que nous n'avons pas fait grand-chose dans la mesure où tous les projets soumis à l'autorité hiérarchique restent toujours lettre morte.* » Et à l'autre d'ajouter, « *le service ne bénéficie d'aucun fonds lui permettant de mettre ses attributions légales en application.* »

La précarité des conditions de travail, voire de vie du personnel de ce service inhibe sa capacité à mettre en place des actions de lutte contre la pollution de l'air. Il se limite, à en croire certains membres de ce personnel, à assurer l'éducation sanitaire de la population et à lui apprendre des techniques de conservation de l'environnement telles que planter la pelouse pour stabiliser le sol et faciliter l'infiltration des eaux de pluie. Mais, ce que l'on qualifie d'éducation sanitaire encourage malheureusement des pratiques qui aggravent la pollution de l'air tel que le jet des déchets dans les ravins. A ce sujet, un autre agent du service de l'environnement de la commune de Mont-Ngafula a révélé que « *faute d'une décharge publique au sein de la commune, le service oriente la population à évacuer ses déchets dans les ravins tout en sachant que c'est une mauvaise pratique.* » A noter également qu'au-delà de cette précarité, les initiatives de ce service sont anéanties par son impuissance vis-à-vis de ce que certains agents ont qualifié de *plus grands pollueurs* (les grandes fermes) qui jouissent de l'impunité suite à la complicité de certaines autorités politico-administratives de la ville de Kinshasa et du pays.

En somme, le service de l'environnement dans les deux communes ne déploie pas des actions susceptibles de contribuer à la lutte contre la pollution de l'air. A défaut de disparaître, il s'est réduit à un simple organe de perception de taxes d'abattage des arbres, en ce qui concerne la commune de Mont-Ngafula, et de taxes d'embarquement et de débarquement des baleinières et des bateaux, de fabrication, de vente et d'achat de la braise, pour ce qui est de la commune de la N'sele. C'est presque avec dérision qu'un agent de la commune de Mont-Ngafula, pour illustrer cet état de choses, a conclu « *La seule contribution palpable de notre service reste son implication dans la taxation, entre autres de l'opération d'abattage d'arbres.* »

Face à cette défaillance du service public en charge de l'environnement, des structures de la société civile, notamment des fidèles de quelques Eglises, des ONG intervenaient autrefois de manière intermittente dans l'assainissement, la désinfestation et le reboisement. Mais, leur activisme s'est arrêté dès lors que les organisations internationales qui les appuyaient financièrement se sont soustraites. A ce jour, ni la commune de Mont-Ngafula, ni celle de N'sele ne compte un partenaire local, national ou international appuyant des actions de lutte contre la pollution de l'air ou tout simplement la pollution de l'environnement.

5.8. Conséquences sanitaires de la pollution de l'air à Mont-Ngafula et à N'sele

La pollution de l'air entraîne plusieurs effets néfastes. Outre la gêne visuelle et olfactive, elle provoque une multitude de maladies dont l'issue est souvent fatale.

D'après 79, 7% des enquêtés ayant répondu au questionnaire, la pollution de l'air expose aux maladies respiratoires. Parmi ces maladies, les plus fréquentes dans les communes de Mont-Ngafula et de la N'sele, sont :

- la toux, le rhume et la grippe viennent en tête de liste. Elles sont des maladies endémiques dont l'ampleur est excessive dans la période de l'intersaison ;
- la bronchite ;
- la pneumonie ;
- l'asthme ;
- la tuberculose ;
- le cancer de poumon ;
- l'emphysème ;
- les maladies et crises cardiaques ;
- l'impuissance chez l'homme ;
- le cancer de la vessie, de la bouche, de la gorge, du pancréas, du rein, de l'estomac, etc.

Ces maladies, à en croire les médecins directeurs de la Fondation pédiatrique de Kimbondo/Maman Koko de Mont-Ngafula et du Centre hospitalier Etonga de la N'sele, affectent tout le monde, principalement les petits enfants, les femmes enceintes et les personnes de troisième âge.

Le taux de morbidité pour toutes ces maladies est difficile à établir dans les centres de santé étant donné que les statistiques y afférentes sont loin d'être complètes ou significatives dans la mesure où elles ne portent que sur les malades hospitalisés. Or, comme nous le savons tous, tous les patients ne se présentent pas à l'hôpital, à cause notamment de la culture de l'automédication, de l'activisme des tradi-praticiens, de l'auto-exclusion liée à l'insolvabilité ici compris dans l'optique d'une hospitalisation jugée onéreuse par le commun des mortels, des croyances religieuses, etc. En outre, de nombreux Congolais ne se rendent à l'hôpital même de façon ambulatoire qu'en cas de crise aiguë. En définitive, en cette matière, les statistiques même les plus récentes, ne traduisent pas la réalité de terrain.

5.9. Accès aux soins et qualité de prise en charge de patients

La prise en charge médicale des conséquences de la pollution de l'air est une dimension non négligeable dans le processus de l'amélioration de la qualité de vie de la population victime de ce fléau socio-environnemental. Elle permet de rétablir la santé des personnes atteintes par la dégradation de l'air et de fournir des informations sur l'évolution des pathologies associées et, éventuellement, des suggestions sur les modalités d'éradication.

Indiquons ici que les centres de santé ont été investigués pour analyser leur capacité réelle de prise en charge des personnes touchées par des pathologies résultant de la pollution de l'air. A ce sujet, il y a lieu de signaler que les deux centres de santé ciblés par l'étude, à savoir la Fondation pédiatrique de Kimbondo/Maman Koko de Mont-Ngafula et le Centre hospitalier Etonga de la N'sele, s'emploient, dans les limites de leur capacité, à offrir des soins aux patients des maladies liées à la pollution de l'air. L'on peut noter, par exemple, que la Fondation pédiatrique de Kimbondo/Maman Koko de Mont-Ngafula a, au cours de l'année 2019, admis en hospitalisation 18 cas de pneumonie, 3 cas de broncho-pneumopathie et 1 cas de crise d'asthme tandis qu'au cours de la même période, le centre Etonga de la N'sele quant à lui, n'a admis en hospitalisation que 32 cas de pneumonie.

Ces statistiques ne reflètent pas le vrai taux de morbidité pour des raisons évoquées au point précédent. Elles ne concernent que des cas d'hospitalisation alors que bien d'autres cas ont été traités au cours de la période considérée, ainsi que l'ont signalé les directeurs de deux centres pendant les entretiens. On voit par exemple que ces statistiques ne reprennent pas des cas de toux, de rhume et de grippe très fréquents dans les deux communes, mais qui sont généralement soignés en ambulatoire ou par automédication.

Pour des cas complexes, les deux centres procèdent au transfert vers les hôpitaux spécialisés ou des hôpitaux de référence mieux équipés, notamment l'hôpital Monkole à Mont-Ngafula et vers l'hôpital de référence de N'djili.

Bien que ne relevant pas de leurs missions premières, les deux centres de santé, en plus des soins qu'ils administrent aux patients, s'investissent tant bien que mal dans la prévention des maladies liées à la pollution de l'air à travers l'éducation sanitaire donnée aux malades ou les séminaires de formation des relais communautaires. Relevons à cet effet que la Fondation pédiatrique de Kimbondo/Maman Koko a mis sur pied un service dénommé TUBI (Tuberculose) qui informe les malades, les familles et la population, en général, sur les maladies infectieuses et respiratoires contagieuses. Il explique également comment se protéger, quelle conduite adopter une fois que l'on a été en contact avec une personne souffrante d'une de ces pathologies ou si l'on est contaminé et comment éviter de contaminer les autres personnes saines.

Le technicien d'assainissement attaché à ce service organise mensuellement des séances d'éducation populaire sur la gestion des déchets. Du côté du Centre hospitalier Etonga de la N'sele, l'éducation relative à la prévention est assurée à travers de petits groupes des personnes capables d'assurer le relais dans la communauté.

Il convient de signaler ici que les deux structures sanitaires fonctionnent avec des moyens de bord. Ils disposent, certes, d'un personnel qualifié, mais en nombre insuffisant (8 médecins et 49 infirmiers à Kimbondo, 3 médecins et 19 infirmiers à Etonga).

En effet, bien que mal rémunéré, ce personnel reste en place faute de mieux et se satisfait des vies qu'il sauve à travers des soins administrés. La capacité d'accueil de ces centres est faible (153 lits à Kimbondo et 56 lits à Etonga). Les deux centres font également face à l'insolvabilité des patients, et donc à la modicité des ressources financières, surtout depuis l'arrêt des subventions des bailleurs de fonds en ce qui concerne la Fondation pédiatrique de Kimbondo/Maman Koko.

La Fondation pédiatrique de Kimbondo/Maman Koko et le Centre hospitalier Etonga n'évoluent pas en vase clos, ils nouent des partenariats avec l'Etat congolais à travers le Bureau central de la Zone de santé, des ONG telle que CARITAS Congo et d'autres personnes de bonne volonté. Ces partenariats sont salutaires pour ces centres de santé, spécifiquement pour la Fondation pédiatrique de Kimbondo/Maman Koko. Ce sont des partenaires qui prennent en charge la rémunération de son personnel soignant, fournissent les matériels de seconde main et des médicaments ou se cotisent lorsqu'il faut acquérir un nouveau matériel.

5.10. Perspectives

L'enquête réalisée dans le cadre de la présente étude a mis en évidence l'existence de la pollution de l'air dans les communes de Mont-Ngafula et de la N'sele, contrairement aux idées reçues ou à l'opinion commune. Provenant des diverses sources et des multiples pratiques, la pollution de l'air dans les deux communes se présente, à en croire les points de vue des enquêtés, sous la forme soit d'une concentration de certaines substances gazeuses (dioxyde de carbone, ammoniac), soit des particules (farine fine, brin de sable, etc.) dans l'air ambiant.

Bien que n'ayant pas encore atteint l'ampleur de celle présente dans les autres communes de la ville de Kinshasa, singulièrement celles situées au centre, la pollution de l'air produit des effets néfastes dont sont victimes les habitants de deux communes. Outre la gêne visuelle et olfactive, l'étude a montré que des maladies telles que la toux, la grippe, l'asthme, la bronchite, la pneumonie, la tuberculose, le cancer de poumon, de l'emphysème, des maladies et crises cardiaques, l'impuissance chez l'homme, le cancer de la vessie, de la bouche, de la gorge, du pancréas, du rein, de l'estomac sont de plus en plus diagnostiquées au sein de la population. Toutes les couches de la population sont concernées par ces maladies avec une prédominance chez les petits enfants, les femmes enceintes et les personnes de troisième âge.

Les actions timides entreprises à ce jour, soit pour sensibiliser la population, soit pour prévenir ou arrêter l'expansion de la pollution de l'air, semblent ne pas être à la hauteur du défi. Pourtant, cette stagnation augure un danger réel pour la population dans la mesure où elle est favorable à l'aggravation de la situation. Dans ces conditions, l'enjeu consiste à scruter l'horizon pour identifier des éventuelles possibilités susceptibles de se positionner comme éléments de réponse à la menace. Car, la pollution de l'air, en tant que conséquence de l'activité humaine, n'est pas une fatalité. La possibilité de l'inversion de la tendance existe comme l'ont souligné 93,7% des enquêtés ayant répondu au questionnaire.

A la suite des résultats de l'enquête, la lutte efficace contre la pollution de l'air A Mont-Ngafula et à la N'sele appelle une mobilisation collective dans une approche holistique. Une mobilisation collective parce qu'elle implique l'engagement de toutes les parties prenantes, dans le cas d'espèce, les producteurs et les victimes de la pollution de l'air.

Il s'agit, dans la situation spécifique de cette étude, de l'Etat, de la population, de l'école, des entreprises agropastorales et des centres de santé. Une approche holistique étant donné que la lutte contre la pollution de l'air doit procéder des démarches préventives et curatives, du renforcement des capacités de toutes les parties prenantes et de l'intervention publique, non seulement dans les deux communes investiguées, mais dans toutes les communes de la ville de Kinshasa, car il n'existe pas de frontière à l'air pollué.

D'abord l'Etat, instance organisatrice de la société à laquelle est dévolue la mission d'assurer la protection de tous les citoyens. A ce titre, il lui revient, comme l'ont exprimé les enquêtés, de sortir de sa torpeur, de concevoir et d'appliquer une politique efficiente en matière d'assainissement de l'environnement, d'aménager des sites des décharges publiques et de les évacuer régulièrement, d'améliorer l'accès à l'électricité pour réduire la pollution de l'air d'origine domestique, de sensibiliser et d'éduquer la population concernant le danger que représente la pollution de l'air sur la santé, de sanctionner de façon exemplaire les inciviques qui polluent l'air et d'instaurer une administration de proximité en redonnant à ses structures de base les moyens de leur action.

En outre, à travers ses services, l'Etat doit déterminer les normes en ce qui concerne les dimensions des parcelles résidentielles, la surface minimum et maximum de la maison à bâtir par rapport à celle de la parcelle.

Les enquêtés pensent également qu'il convient que l'Etat réserve aux industries un zoning particulier permettant l'évacuation aisée des effluents solides, liquides et gazeux. De même, les enquêtés invitent les pouvoirs publics à appliquer la trilogie « air-ombre-eau ». Par air, nous pensons à la construction de grandes artères, celle de moyenne dimension, et les ruelles dans les quartiers résidentiels afin de fluidifier la circulation des personnes, des véhicules et de l'air. Quant à l'ombre, il s'agit, pour les pouvoirs publics, de procéder à la plantation des arbres au bord des artères, à l'aménagement et à la restauration des espaces verts et des zones tampons entre les communes et les quartiers. Enfin, il faudra construire des égouts, des toilettes publiques normales, des points d'eau à travers la ville. Ces derniers permettront de nettoyer quotidiennement à grande eau, les avenues, les espaces et édifices publics, d'arroser les jardins publics et de fournir de l'eau aux camions anti-incendie.

À son tour, la population, est invitée à convertir sa mentalité en adoptant des pratiques moins nuisibles à l'air ambiant. Il lui revient également de renforcer le contrôle social en interpellant et en dénonçant tous ceux ou toutes celles qui se livrent à des pratiques susceptibles de polluer l'air. Elle devra donc s'approprier la question de la qualité de l'air comme un enjeu majeur de son bien-être. Dans cette perspective, certains enquêtés ont souhaité l'organisation des marches pacifiques pour susciter l'adhésion des autorités politico-administratives à l'assainissement du milieu.

En tant qu'instance de socialisation à côté de la famille, l'école doit éduquer les citoyens à l'hygiène environnementale dès le bas âge. A cet effet, les matières relatives à l'hygiène de l'environnement doivent être insérées dans les programmes de formation dans toutes les filières et à tous les niveaux. Dans le cadre de changement de mentalités, l'école peut sensibiliser les parents d'élèves à travers leurs comités respectifs concernant l'hygiène environnementale et le danger que représente la pollution de l'air.

Les entreprises agropastorales sont appelées à s'installer loin de la population, de se conformer à la législation nationale en matière de la protection et conservation de l'environnement et à développer des technologies pour la gestion des déchets solides, liquides et gazeux qu'elles produisent.

Pour ce qui est des centres de santé, les enquêtés ont souhaité que ces derniers améliorent les soins administrés aux malades, privilégient la médecine préventive (implication Ecole de Santé Publique) pour une bonne prise en charge de la question relative à la qualité de l'air, et enfin, persuadent l'autorité publique sur le danger que représente la pollution de l'air pour la population. Il existe un lien étroit et quantitatif entre l'exposition à des concentrations élevées en particules et un accroissement des taux de mortalité et de morbidité, au quotidien aussi bien qu'à plus long terme. De même, la mortalité liée à une telle exposition baisse à mesure que les concentrations en petites et fines particules sont réduites, en supposant que les autres facteurs restent inchangés. Un tel rapport permet aux décideurs de projeter dans quelle mesure réduire la pollution de l'air aux particules, car cela pourrait bénéficier à la santé de la population.

Mais, par-dessus tout, des enquêtes à l'instar de celle-ci, s'avèrent indispensables, car elles permettent de tourner et retourner les contours de la question de recherche donc elles constituent une source d'éclairage édifiant. Étant une recherche action, les recommandations qui y sont alignées éveillent la conscience de toutes les parties impliquées dans la pollution de l'air en même temps qu'elles indiquent les voies à suivre pour contrer ce fléau qui a causé et continue de causer tant de ravages aussi bien sur l'environnement que sur la vie des populations ciblées par cette étude.

L'implication de toutes ces parties prenantes dans la lutte contre la pollution de l'air à Mont-Ngafula et à N'sele garantit les conditions de son succès. Ceci suppose la prise de conscience de toutes les parties prenantes de l'existence de la pollution de l'air et de ses effets néfastes sur la santé de la population et de la détermination à y mettre fin.

Pour être efficace, de nos jours, cette lutte devrait s'appuyer sur le concours des médias (stations de radio, chaines de télévision), réseaux sociaux, troupes théâtrales et autres capables de mobiliser toutes les énergies en vue de vaincre la pollution de l'air qui ronge la santé de nos populations.

5.11. Recommandations pour la réduction des risques de pollution de l'air à Kinshasa

Tableau V. Recommandations pour l'avenir

N°	Actions	Responsable	Moyens
1.	Faire de la pollution de l'air, un problème préoccupant de la société congolaise dans son ensemble et de Kinshasa en particulier	Assemblées provinciale et nationale	Édits ou lois
2.	Créer de lobbyings et mener à son sujet, de plaidoyers à tous les niveaux de l'architecture de l'administration nationale	Syndicats, ONG	Plaidoyers
3.	Canaliser des investissements publics et privés en faveur de la création des entreprises d'assainissement et d'hygiène des agglomérations congolaises	Gouvernement	Conseil des ministres
4.	Renforcer la synergie du système d'information et de collaboration entre toutes les structures impliquées dans ce secteur	Secrétariat général Ministère de l'assainissement, CNONG	Concertation, séminaires et ateliers

5.	Rendre effectives les attributions des bureaux communaux de l'environnement, étoffer, équiper et motiver le personnel	Gouvernement et Gouvernements provinciaux	Appui matériel et financier, recyclage des agents
6.	Renforcer l'effectivité de rôle des services des organisations de la société civile (Eglises, associations civiques,...) en vue de l'éclosion d'une nouvelle mentalité (loyauté, respect des biens et de l'espace publics)	Société civile	Appui matériel et financier de l'Etat et des PTF, séminaire et atelier
7.	Initier un partenariat ou un réseau avec d'autres villes du monde dotées d'une riche expérience en matière d'assainissement et de gestion de l'environnement	Ministère de la Coopération au Développement	Conventions
8.	Affirmer de façon effective les politiques publiques en matière de viabilisation des campagnes en vue de lutter efficacement contre les risques de la pollution de l'air	École de Santé publique et Ministère du développement rural	Programmes et actions de viabilisation
9.	Assurer un accompagnement efficace des acteurs jusqu'à la maturation du projet d'assainissement efficient assortie de l'appropriation des techniques de gestion de projet par les pouvoirs publics, les investisseurs privés, les partenaires et les gestionnaires	Ministère de l'assainissement, ONG, Médias	Éducation de la population, appui financier et matériel aux structures et initiatives d'assainissement de l'environnement

10.	L'assistance des projets notamment en matière de facilitation d'obtention des crédits (pour constituer le fonds de roulement)	Ministères de budget et de finance	Projets bancables
11.	Réhabiliter et construire des nouvelles décharges publiques	Ministère TPR, Gouvernements provinciaux et, communes	Appui financier et matériel à la construction des décharges publiques
	Instaurer l'exonération des matériels destinés à l'assainissement et à la gestion de l'environnement	Ministères de Commerce extérieur et de l'Environnement	Lois et édits
	Prévoir une budgétisation rationnelle du secteur de l'assainissement et de la gestion de l'environnement	Assemblées Nationale et provinciales	Lois budgétaires, taxes d'hygiène et d'environnement

Avec ce chapitre, nous arrivons au terme des réflexions consacrées à la conception du projet. Celles-ci se sont structurées en : principes et illustration d'un projet ainsi que les résultats enregistrés à la fin. En suivant l'itinéraire de vie de projet, nous accédons à présent à la phase de suivi. Tournons-nous vers le chapitre suivant.

Chapitre VI
PRINCIPES DE SUIVI DES ACTIVITES D'UN PROJET DE DEVELOPPEMENT

Introduction

Au-delà de tous les engagements pris par les uns comme par les autres, de tous les fonds mis à la disposition d'un projet de développement, celui-ci ne s'accomplit pas de soi-même. Les activités y afférentes ne se déroulent pas le plus naturellement du monde. Une attention, une surveillance régulière assurent leur conduite. Cette tâche incombe aux porteurs du projet. C'est ce que ce chapitre aborde de manière succincte, car tout projet, même le mieux conçu possible, implique un suivi minutieux.

Ce chapitre comporte cinq points. Le premier livre les dimensions sur lesquelles porte le suivi d'un projet de développement. Le deuxième fixe les rôles de suivi dévolus au coordonnateur de projet. Le troisième propose la périodicité et le contenu de suivi de projet. L'avant-dernier indique le modèle de présentation du rapport de suivi de projet. Le dernier détermine les indicateurs de performance dans le suivi de projet.

6.1. Les dimensions sur lesquelles porte le suivi d'un projet de développement

Sans vouloir rentrer dans des significations déjà présentées au premier chapitre de cet ouvrage, il ne nous semble pas superflu de rappeler l'utilité première du suivi dans la vie d'un projet de développement. En effet, cette surveillance est un processus interne requis pendant la mise en application du projet pour assurer son succès. La surveillance de projet est essentielle pour mesurer les progrès réels par rapport au plan et indicateurs projetés, détecter les divergences et prendre les actions correctives nécessaires.[47]

A cet effet, l'attention des porteurs du projet se focalise sur les dimensions ci-après :

- *administration de données* : tâche dévolue à l'administration du projet, la coordination de celui-ci doit s'assurer que chaque responsable du processus de conduite du projet comprend, maîtrise et administre la preuve d'enregistrement ordonnée et systématique des données relatives à la bonne gestion du projet. C'est par exemple, l'enregistrement journalier des correspondances expédiées ou reçues, des tâches accomplies dans le cadre d'une activité ou encore le nombre de séances organisées dans le cadre d'une formation et celui des participants à chaque séance, etc. Rentrent dans ce personnel, le chargé des activités, le secrétaire, le comptable, l'opérateur de saisie,…

- *mesure des ressources logistiques* : les exécutants du projet sont tenus de certifier l'opérationnalité et la suffisance des moyens logistiques reçus dans le cadre de la réalisation efficace du projet. Tout dysfonctionnement à caractère technique doit faire la préoccupation de la coordination qui, en cas de nécessité, doit s'affairer à apporter des solutions idoines ;

- *mesure des ressources financières* : sous la supervision de l'ordonnateur, le comptable affecté au projet doit régulièrement rassurer l'équipe sur la conformité du budget par rapport au coût des

[47] Auteur anonyme, Fascicule module cinq de formation en projet de développement, Kinshasa, sd, p.13.

intrants sur le marché. Cette tâche permanente permet d'anticiper, le cas échéant, sur l'établissement d'un avenant à faire approuver par le bailleur de fonds ;

- *gestion du temps* : toute conduite rassurante et efficace de projet impose l'élaboration d'un chronogramme des activités. Il classe les différentes activités suivant un ordre chronologique de leur mise en œuvre. Le chronogramme est, ni plus ni moins, un calendrier. Celui-ci sert donc de boussole qui guide et interpelle en même temps, toutes les parties impliquées dans l'exécution des activités ainsi planifiées. La coordination du projet en fait son livre de chevet ;

- *contrôle qualité* : la coordination ne se satisfait pas que du respect du chronogramme, mais s'emploie aussi et surtout à vérifier la conformité de chaque activité accomplie par rapport à la qualité préconisée. Ne dit-on pas que la qualité l'emporte sur tout ? Un retard dans l'exécution d'une activité peut être minimisé si sa survenance est liée à la quête de la qualité ;

- *performance des ressources humaines* : la qualité des activités accomplies dans le cadre d'un projet de développement est fonction de l'expertise éprouvée des personnes impliquées dans leur réalisation. Aussi, à chaque étape, doit-on certifier, depuis le coordonnateur jusqu'au dernier exécutant, que chaque place s'est vue affecter la personne qu'il fallait. D'ailleurs, dans l'exécution des activités de projet, le passage d'une phase à une autre, est une épreuve éliminatoire pour chacun des membres de l'équipe. C'est cela la facture à payer et la vraie pour faire aboutir la réussite d'un projet de développement. La coordination ne saurait être distraite vis-à-vis de l'exigence de performance des ressources humaines affectées ;

- *atteinte des objectifs du projet* : au-dessus de tout, c'est-à-dire que le projet ait prétendument bénéficié d'une bonne administration de données, d'une juste mesure des ressources logistiques, financières, d'une bonne gestion du temps, d'un contrôle efficace de qualité et des ressources humaines performantes, l'atteinte des objectifs du projet passe pour la preuve d'un projet abouti. Et cette atteinte des objectifs se constate en interne (l'équipe de réalisateurs du projet) et en dernier ressort par les commanditaires du projet appuyés, parfois par un audit externe (expert indépendant).

6.2. Les rôles de suivi dévolus au coordonnateur de projet

La littérature compulsée dresse un inventaire sans complaisance, des fonctions dévolues au coordonnateur d'un projet dans la vie de celui-ci. Il s'agit là d'un personnage central astreint à vérifier à tout instant pour se convaincre que chaque membre de l'équipe qui l'accompagne est doté d'une bonne compréhension de ses attributions, est compétent, performant et disposé à optimaliser son apport à la réussite du projet.

De manière plus systématique et détaillée, le coordonnateur devrait constamment[48] :

- s'assurer que tous les membres de l'équipe comprennent leurs responsabilités ;
- co-développer des résultats attendus clairs et spécifiques avec chacun des membres de l'équipe ;
- s'assurer que les membres de l'équipe possèdent les compétences et connaissances pour effectuer leurs activités de façon efficace ;

[48] Auteur anonyme,..., *Op.cit.*, pp. 13-14.

- revoir conjointement les performances des membres de l'équipe par rapport à leurs contributions ;

- évaluer comment les forces et succès peuvent être augmentés et les faiblesses et problèmes résolus ;

- développer un chemin d'avancement clair et ajuster les activités pour améliorer la mise en application du projet.

En nous abreuvant sur une autre source qui résume l'inventaire repris ci-dessus, retenons que le porteur de projet se soucie constamment de savoir comment celui-ci avance-t-il au jour le jour et si le projet est sur la bonne voie par rapport aux résultats prescrits, si le chronogramme est respecté, si les ressources sont gérées telles que prévu à mi-chemin au cours du projet afin de pouvoir opérer des ajustements qui s'imposent.[49]

Comme nous pouvons nous en rendre compte, ne devient pas coordonnateur de projets qui le veut. On est censé détenir des larges compétences en ressources humaines, entre autres l'administration des performances, la gestion des réunions, la planification, les communications écrites et verbales, la résolution de conflits, la gestion de la dynamique de groupe, la motivation et l'inspiration des membres, etc.[50]

6.3. La périodicité et le contenu de suivi de projet

Certes, le suivi du projet fait partie intégrante de la gestion quotidienne. Il fournit des informations par le biais desquelles la coordination peut identifier et résoudre des problèmes de mise en application et évaluer les progrès.

---

[49]https://www.securitepublique.gc.ca/cnt/cntrng-crm/crm-prvntn/tls-rsrcs/prjct-plnnng-fr.aspx#a04, consulté le 04/02/2022

[50] https://www.securitepublique.gc.ca, *Op.cit.*

Cependant, il est utile de préciser les délais ou les intervalles temporels au cours desquels les préoccupations des degrés divers peuvent s'exprimer dans le registre de suivi des activités d'un projet de développement. C'est ce que résume pertinemment le tableau ci-dessous[51] :

Tableau VI. Délais et contenu des préoccupations de suivi de projet

Périodicité	Questions de suivi
Hebdomadaire	Quelles sont les activités en cours et leur lancement est-il effectif ? L'objectif des suivis hebdomadaires de projet est celui de mettre l'accent seulement sur les exceptions. Les tâches qui progressent normalement, ne sont pas concernées.
Mensuel	Quels progrès ont été effectués ? À quelle vitesse les ressources sont-elles utilisées et les coûts encourus par rapport à la mise en application ?
Trimestriel	Les résultats souhaités sont-ils atteints ?
Semestriel	À quel point ces résultats permettent l'avancement de l'objectif du projet ?
Annuel	Les changements ont-ils lieu dans l'environnement du projet ?

[51] Auteur anonyme,…, *Op.cit.* p. 6.

La classification à la fois liée au temps et à la graduation des propos interrogatifs consignés dans le tableau ci-dessus, ne sont pas forcément rigides. Notre souci est de démontrer que tout ne doit pas se faire en même temps surtout que tout projet s'accomplit progressivement (chronogramme des activités) et que les questions que l'on se pose vont du simple au complexe.

C'est pour cela que certaines préoccupations s'inscrivent dans un horizon fort limité (hebdomadaire, mensuel), d'autres dans une perspective limitée (trimestrielle, semestrielle) et d'autres encore dans une période étendue (annuelle). Ces données sont aussi variables selon qu'il s'agit des projets à durée d'exécution très brève (n'excèdent pas un trimestre) ou de ceux qui s'étalent dans le temps (projet triennal, quinquennal voire plus).

6.4. Le rapport du suivi de projet

Un distinguo est à établir entre le rendu de suivi hebdomadaire et le rapport des activités qui vont au-delà de cet horizon temporel.

Comme déjà indiqué au premier chapitre de cet ouvrage, le rapport hebdomadaire de projet met spécifiquement l'accent sur les écueils. Il inclut notamment[52] :

- une mise à jour de l'actuel versus de la planification de la charte Gantt ;
- les raisons des déviations et exceptions ;
- les domaines de souci ;
- des commentaires généraux ;

S'agissant des rapports dont les activités vont au-delà d'une semaine (un mois et plus), les points d'attention deviennent plus denses et diversifiés. Parmi les plus en vus, figurent[53] :

---

[52] Auteur anonyme, *Op.cit.*, p. 8.
[53] Idem, pp.8-9.

- les réussites jusqu'à ce jour ;
- les activités effectuées par rapport aux activités planifiées ;
- l'utilisation réelle des ressources diverses par rapport à l'utilisation planifiée ;
- le rapport qualité ;
- les engagements tenus ;
- les engagements rejetés ;
- le rapport de changements enregistrés ;
- les écueils auxquels l'exécution du projet s'est heurtée ;
- les problèmes importants résolus ;
- les problèmes importants restants ;
- les risques ;
- les stratégies et actions vis-à-vis des risques ;
- toutes les directives de la coordination du projet pour une prise en charge effective des recommandations, etc.

Le rapport de suivi des activités d'un projet est un document important pour tous pour qu'il ne soit tiré à copie unique, gardée au secrétariat administratif ou technique du projet. Il rapporte un inventaire objectif des activités planifiées, des écueils enregistrés dans leur accomplissement, des réussites enregistrées, la gestion effectuée de diverses ressources, les changements survenus, les défis et les stratégies conséquentes de leur gestion. C'est donc un document à multiplier tout au long de la vie du projet en autant de copies qu'il y a des porteurs du projet pour qu'il exhorte les membres à s'impliquer davantage (des réussites à mi-parcours), serve de rappel et de garde-fou (pour ce qui est à parfaire).

6.5. Les indicateurs de performance dans le suivi d'un projet

Le suivi de l'exécution des activités d'un projet ne s'effectue pas sans référentiel objectif. Dans ce registre, s'aligne ce que l'on nomme *indicateurs de performances* qui peuvent être qualitatifs et/ou quantitatifs. Leur rôle consiste à mesurer à quel point les projets engagés atteignent-ils réellement les objectifs leur assignés. À ce sujet, la littérature classifie les facteurs ci-après[54] :

- *les personnels impliqués* : les compétences des membres de l'équipe de projets, la confiance, la motivation et l'engagement ;
- *la direction du projet* : la qualité de l'encouragement, le guide et le soutien fourni par les coordonnateurs de projet ;
- *l'équipe du projet* : la qualité du soutien fourni par tous les membres de l'équipe envers le projet ;
- *les systèmes instaurés* : le système de processus, ressources et lieux fournis par l'organisation pour le projet ;
- *le contexte de réalisation du projet* (la situation) : les pressions et les changements de l'environnement interne et externe sur le projet.

Restant dans la logique de la partie consacrée à la conception de projet, le chapitre qui suit apporte des témoignages sur la manière dont le suivi a été assuré aux activités programmées pour la réalisation du projet pollution de l'air à Kinshasa.

[54] F. ZARINPOUSH, *Guide d'évaluation de projet à l'attention des organismes sans but lucratif,* Initiative Canadienne sur le bénévolat, Canada-Ontario-Toronto, 2006, pp.25-27

Chapitre VII
ILLUSTRATION DE SUIVI DE REALISATION DES ACTIVITES DU PROJET POLLUTION DE L'AIR À KINSHASA

Introduction

Ce chapitre qui fait suite à celui qui professe les principes de suivi de projet communautaire a pour finalité d'indiquer comment s'approprie-t-on lesdits enseignements. Commençons par fixer les esprits sur le sens et le rôle joué par le monitoring dans la réalisation d'un projet de développement communautaire.

D'entrée de jeu, notons que le monitoring est le processus qui permet d'apprécier que le projet produit les résultats attendus ou s'inscrit dans la bonne voie pour le faire, et donc que les hypothèses qui sous-tendent la stratégie sont bien confirmées.[55] En d'autres termes, il est un des processus clés de la gestion de projet, parce qu'il aide à atteindre les objectifs, en prenant en compte l'évolution du contexte et en vérifiant la validité des hypothèses qui fondent le projet.[56]

De ce qui précède, il ressort que le projet se construit sous l'influence de diverses interactions entre des logiques différentes et parfois contradictoires : celles des bailleurs, celles de Terre des hommes conditionnées par sa mission, ses dimensions humaines, organisationnelles et

---

[55] Terre des hommes, *Concevoir et mettre en œuvre un système de monitoring*, Suisse, 1960, organisation opérationnelle dans plus de 30 pays, p.9.
[56] Idem.

économiques ; celles des populations dans une diversité d'intérêts et de stratégies, celles des autorités locales aux différents échelons territoriaux, dans des contextes politiques, économiques et sociaux changeants.[57]

Aucun projet de développement en l'occurrence communautaire, ne se réalise en vase clos, c'est-à-dire en dehors de toutes les contingences sociales du monde. Celui-ci se place toujours dans un faisceau d'influence multidimensionnel, de diversité d'intérêts et de stratégies mises sur pied par différents acteurs capables tantôt de favoriser, de faire accélérer ou de freiner, de contrecarrer la marche en avant des activités d'un projet pourtant bien conçu, démarré et soucieux d'aller jusqu'à son terme. C'est pour cela que la colonne du tableau ci-dessous, réservée aux commentaires qui expliquent l'état d'avancement des activités inscrites au chronogramme du projet vaut son pesant d'or. Le monitoring remet ainsi la pendule à l'heure tout au long de la vie du projet.

Comme on peut bien le remarquer, l'illustration concrète de l'élaboration d'un monitoring ne souffre de l'ombre d'aucun doute. Car, la pratique sous-tend la théorie.

D'après l'expérience de la CDS, la matière de monitoring est renfermée dans le tableau ci-dessous qui renseigne les activités du projet, les agents exécutants, le chronogramme (prévu, état d'avancement effectif des activités) et surtout les commentaires justifiant les piétinements, les avancées, les reports ainsi que leurs auteurs respectifs.

---

[57] Terre des hommes, *Op.cit.*, p.8.

7.1. Elaboration du monitoring du projet pollution de l'air

Tableau VII. Illustration de suivi des activités d'un projet/durée d'exécution 6 mois

Activités du projet	Agents exécutants	Chronogramme		Commentaires
		Prévu	État d'avancement	
Validation du projet	Bruxelles International (Environnement) WSM	janvier 2019	Activité à réaliser à la fin du premier trimestre	L'examen du projet d'étude a pris du temps au niveau de Bruxelles International (Environnement) et WSM avant d'être validé en mars 2019. Ce report a impacté systématiquement le chronogramme des activités du projet.
Evaluation des données de base (étude de base)	Chercheurs CDS	janvier 2019	Activité reportée en février 2019	Léthargie créée par l'attente de l'homologation du projet rédigé par Bruxelles International (Environnement) et WSM.

Résultat 1 : analyse documentaire et recherche empirique				
1.1. Revue de la littérature	Chercheurs CDS	février-mars 2019	Activité réalisée début mars 2019 mais à parachever le mois suivant	Séance de répartition des matières organisée et exploitation des documentations écrites accomplie au niveau des bibliothèques de Kinshasa
1.2. Identification des principaux foyers de pollution à Mont-Ngafula et N'sele	Chercheurs CDS	février 2019	Activité réalisée en mars 2019	Une enquête exploratoire a été faite sur les 2 sites.
1.3. Identification et contacts avec des acteurs clés des organisations de la société civile proches de la question de la pollution de l'air	Chercheurs CDS	février 2019	Activité réalisée en avril 2019	Contacts pris avec des responsables de quelques ONG du secteur de l'environnement à Kinshasa.
1.4. Dépouillement des données d'archives des services publics en rapport avec la pollution	Chercheurs CDS	mars 2019	Activité réalisée en avril 2019 mais à parachever le mois suivant	Exploitation des archives spécifiques à l'environnement au niveau de l'Hôtel de ville, des communes de N'sele et de Mont-Ngafula.
1.5. Élaboration d'un guide méthodologique pour la recherche empirique et le prélèvement de l'échantillon	Chercheurs CDS	mars 2019	Activité réalisée en avril 2019	Rédaction du questionnaire, guides d'entretien, manuel de l'enquêteur.

1.6.Réunion équipe de chercheurs du projet : validation de la méthodologie	Chercheurs CDS	mars 2019	Activité réalisée en avril 2019	Adoption des outils méthodologiques moyennant quelques amendements fondés.
1.7.Atelier d'adoption des outils méthodologiques avec l'implication de quelques délégués des organisations	CDS	avril 2019	Activité réalisée en mai 2019	Documents adoptés par les deux parties.
1.8. Recrutement et formation des chercheurs-enquêteurs	Coordination projet	avril 2019	Activité réalisée en mai 2019	Les candidats retenus à l'issue de la sélection ont été immédiatement formés en une journée.
1.9. Enquête pilote	Chercheurs CDS	avril 2019	Activité réalisée en mai 2019	Les candidats formés ont été déployés pour le test des outils méthodologique sur un noyau des virtuels enquêtés.
1.10. Atelier de lancement solennel des activités	Coordination projet	Avril 2019	Activité réalisée début juin 2019	Participation remarquable des responsables du secteur public, privé et du cercle hospitalier.

1.11. Collecte de données (interviews approfondies, focus group, observations participatives ainsi que des techniques de cartographie)	Enquêteurs	mai 2019	Activité réalisée début juin 2019	Déploiement de l'enquête sur les 2 sites pendant dix jours.
1.12. Analyse des résultats des données collectées et rédaction du rapport final	Chercheurs CDS	juin-juillet-août 2019	Activité réalisée à juin-juillet 2019 mais à parachever début août 2019	Analyse réalisée sous la supervision de la coordination du projet
1.13. Réunion de validation du rapport d'étude	Chercheurs CDS	août 2019	Activité réalisée	Adoption par l'équipe impliquée élargie à d'autres chercheurs de la CDS
1.14. Brochage du rapport final	CDS	août 2019	Activité réalisée en septembre 2019	-transfert tardif par Bruxelles International (Environnement) et WSM du solde de fonds alloué au projet -aléas liés à la programmation des publications par l'imprimerie retenue à cet effet.

Résultat 2 : Valorisation & échange				
2.1. Atelier de restitution des résultats de l'étude et adoption du rapport final par les délégués des organisations impliquées dans l'enquête	Chercheurs, délégués des organisations	août 2019	Non réalisée	En raison de dépassement de délai de finalisation du projet.
2.2.Atelier d'information complémentaire et de formation	Coordination du projet	août 2019	Non réalisée	En raison de dépassement de délai de finalisation du projet.
2.3.Atelier de responsabilisation des organisations impliquées dans l'enquête suivi de la distribution des exemplaires du rapport final	Coordination du projet	août 2019	Partiellement réalisée	Les exemplaires du rapport final de l'étude ont été distribués.
2.4. Supervision de la sensibilisation des membres par les responsables des organisations impliquées dans l'enquête	Responsables des organisations	août 2019	Non réalisée	- En raison du refus rigide de la supervision des activités du projet (CGAT) pour cause : dépassement de délai de finalisation du projet. - Frais prévus pour cette activité, retournés au bailleur.
2.5. Evaluation de l'impact du projet sur les bénéficiaires finaux (membres des organisations de la société civile	Coordination du projet	août 2019	Non réalisée	Non prévue dans le budget.

et membres de leurs familles respectives et amis)				
2.6.Rédaction rapport narratif et financier	Coordination du projet/CDS	août 2019	Réalisée	Transmis et adoptés par le bailleur.
2.7. Emissions télévisées pour vulgarisation des résultats		août 2019	Non réalisée	En raison de dépassement de délai de finalisation du projet.

7.2. Quelques enseignements tirés

Certes, chaque projet de développement comporte un chronogramme des activités mais celui-ci n'est jamais à l'abri des vagues de tout genre. Dans le cas précis de cette étude sur la pollution de l'air à Kinshasa, prévue d'être réalisée au premier semestre 2019, soit de janvier en juin, tout a commencé avec un report de deux mois lié à la gestion administrative du dossier de projet introduit par la *Chaire de Dynamique Sociale* auprès de Bruxelles International via We Social Movement. Restons encore sur le retard administratif pour l'évoquer également au sujet des rendez-vous mainte fois reportés au niveau des administrations de la commission nationale d'éthique qui accorde, après examen des objectifs de l'enquête et de ses outils méthodologiques, l'autorisation de mener l'investigation projetée, au niveau des communes de Mont-Ngafula et de N'sele ainsi qu'au niveau des centres de santé implantés sur les deux sites. Pour clôturer cette liste, il importe d'ajouter les délais d'attente des transferts internationaux des fonds allant d'une banque belge à sa correspondante en République Démocratique du Congo et de la direction générale de celle-ci à l'agence dans laquelle se trouve logé le compte spécifique ouvert par la CDS à cet effet. Les vas-et-viens observés par la coordination du projet et par les chercheurs ne pouvaient qu'impacter sensiblement le chronogramme de départ.

En dehors des effets purement administratifs, même si leurs incidences n'ont pas été majeures, il faut évoquer des courtes missions effectuées de manière impromptues, en cours de réalisation du projet, par l'un ou l'autre chercheur impliqué. À cela s'ajoutent quelques désappointements sanitaires enregistrés dans le chef des porteurs du projet. Nous n'oublions pas non plus, la dépendance de la CDS quant à l'impression et le brochage des fascicules rapportant les résultats des études menées dont les aléas lui échappent.

Tout cela donc implique l'élaboration d'un monitoring, car il permet d'acter ce qui est réalisé dans le délai et ce qui est à reporter. En ce qui concerne ce projet, le retard pris dès le départ bien que comblé en termes de durée du projet (6 mois) et celui enregistré à l'imprimerie, ont fait vaciller le reste des activités, à savoir : atelier de restitution des résultats de l'étude et adoption du rapport final par les délégués des organisations impliquées dans l'enquête ; atelier d'information complémentaire et de formation ; supervision de la sensibilisation des membres par les responsables des organisations impliquées dans l'enquête ; évaluation de l'impact du projet sur les bénéficiaires finaux (membres des organisations de la société civile et membres de leurs familles respectives et amis) ; animation des émissions télévisées pour la vulgarisation des résultats. Bien dommage. Cette fin brutale du projet est loin d'être imputable à l'équipe de chercheurs de la CDS. D'ailleurs, au bout du bout des pourparlers engagés à ce sujet entre les deux parties, la direction centrale de We Social Movement installée à Bruxelles, a eu à instruire sa représentation en Afrique centrale pour que ces dernières activités se tiennent surtout que les frais alloués à leur exécution, demeurent disponibles. Ce qui ne s'est malheureusement pas réalisée jusqu'à ce jour.

Après la conception, les principes et l'élaboration de suivi, bouclons la boucle avec l'évaluation de projet. C'est la matière du dernier chapitre de cet ouvrage.

Chapitre VIII

PRINCIPES ET PIECES D'EVALUATION D'UN PROJET ACCOMPLI

Introduction

Ce chapitre constitue le clou de l'itinéraire qui voit l'idée d'un projet naitre, grandir et aboutir. C'est ce qui donne sens au thème central de cet ouvrage : *les trajets de réalisation d'un projet de développement*. Nous voici ainsi à la gare d'arrivée qui donne lieu, dans l'esprit de projet, à un inventaire objectif du processus parcouru, inventaire appelé à crédibiliser les résultats obtenus.

Comme on le sait bien, une évaluation est un examen ciblé et limité dans le temps, consistant à apprécier un projet achevé en prenant en compte sa conception, sa mise en œuvre et ses résultats. À notre regard, il existe un continuum entre ce que nous avons nommé suivi (chapitre précédent) et ce que nous nommons maintenant, évaluation (chapitre en cours).

Comme le suggère son intitulé, la structure de ce chapitre s'articule en deux points. Le premier livre les principes qui président à l'évaluation d'un projet alors que le second présente les pièces attendues pour l'évaluation.

8.1. Principes d'évaluation d'un projet

Types d'évaluation ciblée

À ce sujet, la littérature expose quatre types d'évaluation de projet de développement.[58] Alors, de quel type d'évaluation s'agit-il dans ce chapitre ? Il importe de noter que la réponse à cette question nous vient de l'expérience vécue par la CDS. Didactiquement, l'argumentation qui suit s'inscrit dans une démarche éliminatoire pour ne répondre directement à la question ci-dessus, qu'en tout dernier lieu.

Evaluation ex ante

D'entrée de jeu, commençons par l'évaluation *ex ante* qui est celle qui consiste à mener des enquêtes préliminaires, considérées comme préalables à la conception et au lancement du projet. À ce propos, le budget octroyé et géré par la CDS, ne comporte jamais cette rubrique. Ainsi, ce type d'évaluation n'intègre pas cette expérience.

Heureusement, jusque-là, les investigations effectuées portent sur des sites et des thématiques qui n'entrainent pas outre mesure, le dépaysement des chercheurs-enquêteurs déployés sur le terrain. D'ailleurs, à ce sujet précis, la sélection des chercheurs à impliquer dans l'une ou l'autre étude en dépend grandement. N'est retenu, chaque fois, que le candidat qui présente le meilleur profil possible dans cette perspective. En outre, le test de validation des outils méthodologiques habituellement effectué sur un noyau de virtuels informateurs ou enquêtés en prévision d'une

[58] D. NEU, *Des outils pour programmer, suivre, évaluer et présenter ses projets : faciliter la mise en débat et se référer aux objectifs initiaux à chaque étape d'un projet*, http://www.gret.org/ressource/pdf consulté le 05 juin 2021 ; lire également OUELLET S., Les défis de l'évaluation des projets et programmes de réseaux de changement social, mémoire de maitrise en Communication, Université du Québec à Montréal, 2006.

investigation imminente, sert dans une certaine mesure, de simili à l'évaluation *ex ante*.

En plus, la revue de la littérature surtout empirique, qui précède toutes les autres activités de recherche, permet, même indirectement, de livrer quelques témoignages qui auraient dû provenir de l'évaluation ex ante. Mais à les observer de près (données liées au test des outils méthodologiques revue de la littérature,...), n'ont pas d'envergure de celles que pourrait livrer l'évaluation ex ante.

Evaluation intermédiaire

Comme nous le savons déjà, dans la vie du projet, le suivi renvoie à une appréciation de l'état d'avancements successifs de la réalisation des activités de projet. Il s'agit en termes plus concis, d'une évaluation à mi-parcours, d'un regard continu, c'est-à-dire d'une surveillance des activités presqu'au jour le jour ou carrément d'une évaluation intermédiaire. Ce n'est pas cela que ce chapitre entend répéter, car cette matière est développée substantiellement au chapitre précédent.

Par ailleurs, de ce qui précède, il ressort clairement que l'évaluation intérimaire se confond avec le suivi des activités de projet. Toutefois, dans la pratique comme en esprit, les équipes de chercheurs de la CDS se reconnaissent à travers l'usage du syntagme *suivi des activités.*

Evaluation ex-post

L'évaluation *ex-post* est celle qui intervient après la réalisation du projet.[59] Se convient-on de l'appeler *post-évaluation*, car elle met l'accent sur l'impact. Encore une fois de plus, la CDS dont nous livrons l'expérience de

---

[59] Habituellement quelques mois, parfois quelques années après la clôture du projet.

réalisation des projets de développement, n'a jamais vécu une telle expérience

En effet, toute sa vingtaine de projets de développement, 26 au total, réalisé jusque-là, n'ont jamais été appuyés par des financements d'études d'impacts engendrés. Tout s'arrête dès lors que le rapport final des activités ainsi que les rapports narratif et financier qui constituent les annexes de celui-ci, sont reçus et avalisés par les commanditaires des études. À présent, le temps est venu d'annoncer le type d'évaluation ciblée dans cette étude. C'est ce que nous faisons au point qui suit.

Evaluation finale

Comme évoqué plus haut, retenons que *l'évaluation finale* est le type ciblé dans ce travail. Elle intervient à la fin du projet pour appréhender rétrospectivement le déroulement, les résultats et les effets produits par le projet. L'évaluation finale établit le bilan de la vie du projet.

De façon concrète, cet exercice intervient à trois niveaux : *interne, semi-interne* et *externe* tel que précisé au point qui suit, se rapportant au profil de l'évaluateur. Avant cela, annonçons déjà que seuls les deux premiers niveaux alimentent, jusqu'ici, l'expérience d'évaluation des projets à la CDS : le niveau interne assumé par ses propres chercheurs et le niveau semi-interne représenté par des méticuleux commanditaires des travaux et bailleurs de fonds.

On comprend dès lors que l'audit externe, vécu une seule petite fois,[60] est exclu de l'exposé qui suit. La non programmation de l'audit externe par les bailleurs de fonds est d'une part, justifiée par l'économie des moyens eu égard à des tarifs costauds imposés à cette fin par des agences spécialisées. Et cela, en dépit du fait que l'évaluation

[60] Cfr. Projet Debout *mama malewa*, financé par l'Union Européenne, audité par une agence camerounaise d'audite basée à Limete

externe de projet nécessite habituellement d'être effectuée par une personne ou une organisation externe, pour cause d'impartialité ou expertise technique ; et d'autre part, à cause des délais d'attente du rapport final, généralement longs.[61]

Pour conclure ce point, il nous revient de souligner que, quelle qu'en soit la sphère où intervient l'évaluation (interne, semi-interne, externe), celle-ci ne doit pas trahir les principes d'impartialité, de crédibilité, de transparence, d'utilité et d'implication des principaux acteurs.

Profil de l'évaluateur et orientation de l'évaluation des projets conduits par la CDS

L'exposé qui suit décrit brièvement les personnages intervenant dans l'évaluation des projets d'abord au niveau interne et ensuite au niveau semi-interne. Pour chaque niveau, les évaluateurs concernés se trouvent clairement ciblés et les opérations qu'ils contrôlent aussi.

8.1.2.1. Evaluation en interne

Certes, de manière idéale, l'évaluation est définie comme un processus externe, elle ne doit donc pas être effectuée par les porteurs du projet. Mais bien naturellement, le projet doit être conclu avec un rapport final dudit projet dans lequel les personnes qui l'ont mis en application devraient pouvoir l'évaluer. Ce qui leur permet, en interne, de tirer des leçons concernant la gestion de projet, avant qu'elles ne soient perdues.

Ces principes sont rigoureusement pris en compte par les équipes de chercheurs de la CDS qui, organisent toujours un atelier d'adoption de rapport final du projet qui, sans porter le statut d'évaluation, n'en est pas moins. C'est à cette occasion, sous la supervision du coordinateur du

---

[61] L. LAVRET-PICTET, *Op.cit. ;* lire aussi R. BACHELET, *L'évaluation d'impact des projets*, Lille, Licence Creative Commons, 2008.

projet à l'ordre du jour, ils se convainquent en cas de succès, d'avoir atteint les objectifs assignés audit projet.

Evaluation semi-interne

Dans le cadre des projets réalisés par la CDS, l'évaluation semi-interne est assumée par le commanditaire de l'enquête-bailleur de fonds. En effet, déjà impliqué dès le départ au travers des termes de référence du projet couplés par un budget détaillé dont le fonds est logé dans un compte spécifique au projet, budget répétons-le, reprenant toutes les activités y afférentes, le bailleur suit étape par étape l'exécution, non seulement des activités, mais aussi les mouvements du compte bancaire et les pièces justificatives des dépenses engagées.

D'ailleurs, ce contrôle systématique rend les porteurs du projet vulnérables à chaque étape (éliminatoire). Le clou de l'évaluation s'opère à travers les rapports narratif, financier et le rapport final de l'étude examinés par le comité directeur de l'institution qui donne l'appui.

Finalités de l'évaluation

Dans ce chapitre, il ne nous reste plus qu'à dégager les visées assignées à l'évaluation des projets de développement. En nous référant aux définitions déjà déclinées à propos du terme évaluation, à la typologie et aux principes de l'évaluation sans oublier le profil de l'évaluateur, nous voyons déjà se profiler à l'horizon ce qu'il conviendrait d'attribuer comme missions à l'évaluation.

C'est ainsi qu'évaluer un projet consiste, comme le souligne Laurence Levrat-Pictet, à répondre aux préoccupations ci-après[62] :

---

[62] L. LEVRAT-PICTET, , op.cit… La liste de finalités reprise ci-dessus n'est pas exhaustive, elle est le résultat de notre sélection.

- les mesures (input) ont-ils conduit à atteindre les objectifs fixés ?
- les objectifs ont-ils été atteints ?
- les objectifs ont-ils été atteints moyennant un coût raisonnable ?
- les résultats valent-ils les efforts consacrés à ce projet ?
- les effets attendus (outcomes) ont-ils été au rendez-vous ?

A travers ces propos interrogatifs, on voit transparaître les critères sur lesquels s'appuie toute évaluation finale, à savoir : la pertinence du projet ; son efficacité, son efficience, sa cohérence, son impact, ses effets et sa durabilité.

En mettant un terme à ce chapitre, il nous revient de retenir que ces propos interrogatifs indiquent l'étendue et la complexité du champ d'évaluation.

Pour être maîtrisé, ce champ exige d'être exploré par des personnes dotées d'un horizon d'expertise suffisamment large et d'une démarche méthodologique conséquente.

8.2. Pièces à soumettre à l'évaluation

L'évaluation d'un projet porte sur les livrables dûment consignés dans les termes de référence adoptés et signés par les parties en présence. Ce sont ces livrables qui permettent à l'évaluateur qui est dans le cadre du projet sur la pollution de l'air, Bruxelles International représenté par *We Social Movement*. Il s'agit du rapport final détaillant les activités du projet accomplies, du rapport narratif de la réalisation du projet et du rapport financier. C'est sur base de l'examen de ces différentes pièces que l'évaluateur se prononce sur le succès ou non, de la réalisation d'un projet. Découvrons à présent, les pièces soumises à l'évaluation par la CDS au terme du projet précité.

Rapport narratif

L'aboutissement heureux du projet d'étude sur la *Lutte contre la pollution d'air et appui à l'autonomisation des femmes membres de la FEPAKIN par la promotion de l'agriculture et l'élevage* dont les résultats sont publiés dans le rapport final dûment déposé, a été rendu possible grâce aux concours des personnes tant morales que physiques auxquelles la Chaire de Dynamique Sociale (CDS) se doit de rendre un hommage mérité.

En effet, cette étude a eu pour objectif de détecter, d'inventorier et d'élucider les pratiques entrainant la pollution de l'air dans les sites ciblés en vue d'atténuer les risques par la vulgarisation de ses résultats, c'est-à-dire l'organisation des contacts d'information et de sensibilisation des parties prenantes du projet. Cette investigation a été axée sur une démarche participative de telle manière que la population exposée à cette pollution qui l'assassine de façon silencieuse et invisible, puisse être éveillée et sécurisée.

Face à cette situation préoccupante, la présente étude s'est efforcée de répondre aux interrogations suivantes : que faire pour atténuer les effets de la pollution atmosphérique affligeante qui accablent les populations de la ville de Kinshasa ? Comment le faire ? A travers quels groupes cibles ? Comment assurer l'appropriation et la pérennisation des stratégies de lutte par les acteurs sociaux et étatiques contre cette pollution ?

Pour y arriver, la démarche méthodologique suivie a combiné les approches qualitative et quantitative. La revue de la littérature a constitué l'entrée à la matière. Grâce à elle, l'horizon de l'équipe de chercheurs impliqués a été largement étendu favorisant du coup l'enrichissement des outils méthodologiques dont ils avaient besoin pour l'enquête.

S'agissant de l'approche quantitative, les communes de Mont-Ngafula et de N'sele, au travers des ménages producteurs agricoles, membres des coopératives Ceprosem et Nzete ya mbila regroupées sous le couvert de la FEPPAKIN, structure faitière organisant plus de onze filières différentes à Kinshasa, ont été prises pour échantillon d'enquête.

Quant à la collecte des données qualitatives, elle a été organisée en trois temps à l'aide des techniques de focus group et d'interview approfondie. En premier lieu, des leaders des OSC ont été mis à contribution à travers des focus groups ayant pris en compte leur équivalence d'âge, de niveau d'instruction et des affinités. Ensuite, des interviews approfondies ont été réalisées sur les deux sites, en milieux hospitaliers (corps médical, patients souffrant des maladies respiratoires). Enfin, des entretiens ont été organisés avec les responsables du Bureau de l'Environnement implanté dans chacune des deux communes. Tout cela a permis donc de réunir de manière triangulaire, d'importantes données sur les réalités de pollution de l'air dans l'univers ciblé par l'enquête.

Ainsi, les données recueillies ont-elles été tournées et retournées dans une analyse autour de la dizaine des points essentiels ci-après : pollution de l'air, un enjeu de l'heure ; pollution de l'air à Mont-Ngafula et à N'sele : fiction ou réalité ? ; déterminants de la pollution de l'air ; acteurs de la pollution de l'air ; niveau de connaissance du risque de la pollution de l'air par la population cible ; degré d'engagement et actions locales de prévention et de lutte contre la pollution de l'air ; gouvernance dans la lutte : autorité publique et société civile ; conséquences sanitaires de la pollution de l'air à Mont-Ngafula et à la N'sele ; accès aux soins et qualité de prise en charge des patients ainsi que les perspectives d'avenir et recommandations.

Parmi les principales leçons tirées, retenons :

- la pollution fait des dégâts immenses à Kinshasa, car à elle seule, elle provoque 51,47 % de cas de maladies tandis que toutes les autres maladies d'origines diverses ne représentent que 48,53 % de fréquentation hospitalière ;[63]

- malgré cela, à partir des résultats d'un tableau croisé de notre enquête, il ressort que la connaissance des populations de Mont-Ngafula et de N'sele sur la pollution de l'air varie selon qu'on a un niveau d'instruction différent. Les universitaires interrogés ont tous (100%) cette connaissance, ce qui n'est pas le cas chez les non instruits (9,4%), le niveau primaire (20%) et le secondaire (26,9%). Il existe donc une relation entre le niveau d'instruction de la personne et la connaissance sur la pollution de l'air. Or, ce sont les non et/ou peu instruits qui constituent la majorité de la population, d'où la nécessité de vulgariser les résultats de cette étude par des campagnes de sensibilisation et d'éducation ;

- l'étude a relevé deux zones de pollution : interne et externe. S'agissant de la première zone, la pollution de l'air intérieur à Mont-Ngafula et à la N'sele est très caractéristique. Elle est due, de manière générale, à la mauvaise aération dans plusieurs résidences, au surpeuplement dans les habitations, à la présence de l'humidité, des moisissures, des vêtements malpropres entassés pendant plusieurs jours dans des pièces. En plus, dans des maisons malpropres, l'activité des cancrelats, des rats, des araignées avec leurs toiles, et celle d'autres parasites, contribuent aussi à vicier de manière notable l'air intérieur.

[63] L. LOMBO SEDZO, Enquête menée dans la commune de Kasa-Vubu, 1995-1996.

- quant à la zone extérieure, l'enquête a relevé une série de sous-secteurs de pollution de l'air :

- la combustion des déchets entassés dans des décharges à ciel ouvert ;

- l'émission des particules liées au trafic automobile à moteur en baisse de pression : camions, voitures, moto roulant sur des routes insuffisantes et à mauvais états, sources des embouteillages quotidiens intensément pollueurs ;

- des entités industrielles peu équipées en système de lavage de fumée ;

- le soulèvement de poussières répandues à travers les places publiques et artères peu ou pas asphaltées par de coups de vent et de passages des véhicules incessants ;

- les excréments des porcs, des poulets, des canards gérés de façon non professionnelle dans des fermes ;

- les feux de brousse, les fours à braise, des grillades des poissons et viandes ;

- de manipulations mains nues et sans cache-nez des intrants agricoles aux odeurs piquantes, la prolifération des moulins à maïs et à manioc ;

- la présence des micro-organismes rejetés dans les excréments humains ou d'animaux qui contaminent des passants, car mégapole de plus de ±12.000.000 d'habitants, Kinshasa ne dispose quasiment pas de sanitaires publiques. Aussi, se soulage-t-on, de nuit comme de jour, dans la nature. En outre, les écoles, les hôpitaux, les marchés, les centres commerciaux, les bureaux des différentes administrations, les ateliers artisanaux,... souffrent de l'insuffisance, de mauvais état, voire de l'absence des latrines sanitaires ;

- Inaccessibilité du grand nombre aux soins due au manque de pouvoir d'achat de la population sans omettre la qualité douteuse de prise en charge de patients liée au sous-équipement des centres de santé ;

- Déficit de degré d'engagement et actions locales aussi bien publiques que privées de prévention et de lutte contre la pollution de l'air.

De ce qui précède, il ressort clairement que la présente étude a atteint avec succès, les objectifs lui assignés à l'exception de la vulgarisation des résultats en vue d'informer, d'éveiller et de faire prendre conscience aux populations du danger que représente la pollution de l'air pour leur santé. Cette activité, pourtant planifiée dans le POA, n'a pas eu lieu en raison de deux empêchements majeurs. Le premier se rapporte à une fermeture temporaire de l'Université de Kinshasa où se trouve logé le siège de la CDS, en date du 8 janvier 2020 sur décision gouvernementale relative aux émeutes provoquées par les étudiants de cet établissement. Ce qui rendait la CDS inaccessible à ses chercheurs. Comme si cela ne suffisait pas, l'Association des Professeurs de l'Unikin, a successivement déclaré et renforcé son mouvement de grève relatif à l'amélioration des conditions de vie et de travail du personnel respectivement en date du 18 février 2020 et du 14 mars 2020.

Enfin, dans la même lignée, le gouvernement congolais a décrété le 18 mars 2020 un état d'urgence sanitaire dû à la covid-19 qui s'est étalé jusqu'au 22 juillet dernier. Respectueuse de l'instruction reçue par la coordonnatrice du projet, la CDS a retourné, malgré elle, le fonds destiné à l'exécution de l'activité de vulgarisation des résultats de l'étude menée. Toutefois, cette fin brutale du projet nous laisse sur notre soif et nous pousse à affirmer que l'objectif ultime du projet n'a pas été atteint. Nous réaffirmons notre disponibilité auprès du bailleur à cet effet.

Rapport financier

Tableau VIII. Rapport financier de fin de projet

Rapport financier complet / Projet pollution de l'air Livre de caisse					
N° PJ	**Date**	**Désignation des opérations (ou libellé)**	**Recettes (Encaissements)**	**Dép-enses (Déc-aissements)**	**Solde**
		Report du solde			0
1	23/04/2019	Appro caisse svt CH GUI N° 9860263	2 950		2 950
2	23/04/2019	PMT Prime d'échantillonnage de l'étude		200	2 750
3	23/04/2019	PMT Prime conception et production de démarche méthodologique		450	2 300
4	23/04/2019	PMT prime rédaction questionnaire d'enquête		200	2 100
5	23/04/2019	PMT Prime conception manuel d'enquêteur et superviseur		300	1 800
6	23/04/2019	PMT Prime élaboration guide d'entretien/ centres hospitaliers		100	1 700
7	23/04/2019	PMT Prime élaboration guide d'entretien sites et ménages		100	1 600
8	23/04/2019	Forfait courses diverses pr paufinage la Révue de la littérature/ MUHOMA		50	1 550
9	23/04/2019	PMT Acompte prime exploitation révue de la littérature/ MUHOMA		350	1 200
10	23/04/2019	Forfait courses diverses pr paufinage la Révue de la littérature/ MIMBORO		50	1 150

11	23/04/ 2019	PMT Acompte prime exploitation révue de la littérature/ MIMBORO		350	800
12	23/04/ 2019	Forfait courses diverses pr paufinage la Révue de la littérature/ MUZESA		50	750
13	23/04/ 2019	PMT Acompte prime exploitation révue de la littérature/ MUZESA		350	400
14	24/04/ 2019	Forfait courses diverses pr paufinage la Révue de la littérature/ KATOKA		50	350
15	24/04/ 2019	PMT Acompte prime exploitation révue de la littérature/ KATOKA		350	0,00
16	04/07/ 2019	Appro caisse svt CH GUI N° 91850034	4 700		4 700
17	04/07/ 2019	Impressions manuelles des superviseurs		25	4 675
18	05/07/ 2019	Approbation d'un protocole de recherche		200	4 475
19	05/07/ 2019	Location vidéo projecteur		50	4 425
20	05/07/ 2019	Impression dcts/ Formation des enquêteurs		50	4 375
21	05/07/ 2019	Location Salle		50	4 325
22	05/07/ 2019	Cachets alloués aux Formateurs des superviseurs		125	4 200
23	05/07/ 2019	Transport des participants à la formation des superviseurs		120	4 080
24	06/07/ 2019	Location vidéo projecteur		50	4 030
25	06/07/ 2019	Cachets alloués aux Formateurs des enquêteurs		240	3 790
26	06/07/ 2019	Transport des participants à la formation des enquêteurs		80	3 710

27	15/07/ 2019	Impression dcts/ pré-enquête/outils méthodologiques		50	3 660
28	17/07/ 2019	Achat de carburants/ déplacement pré-enquête site de Mont-ngafula		74	3 585
29	17/07/ 2019	Achat de carburants/ déplacement pré-enquête		40	3 545
30	17/07/ 2019	Impression dcts/ Site Mont-Ngafula		5	3 495
31	17/07/ 2019	Transport Pré-enquête CPS/ ceprosem		45	3 450
32	18/07/ 2019	Achat fournitures de bureau		10	3 440
33	18/07/ 2019	Achat dictaphone Sony t-mark		90	3 350
34	18/07/ 2019	Impression des outils/ Enquête quantitative		150	3 200
35	18/07/ 2019	Transport participants pré-enquête Site N'sele		60	3 140
36	18/07/ 2019	Transport déplacement exploration intérieure		12	3 128
37	18/07/ 2019	Transport déplacement exploration intérieure		12	3 116
38	18/07/ 2019	Transport déplacement exploration intérieure		11	3 105
39	19/07/ 2019	Location vidéo projecteur		50	3 055
40	19/07/ 2019	Achat de carburants/ lancement officiel des activités		74	2 980
41	19/07/ 2019	Location salle de formation		50	2 930
42	19/07/ 2019	Cachet des intervenants		150	2 780
43	19/07/ 2019	Transport des participants		280	2 500

44	19/07/ 2019	Acompte sur prime recherche quantitative et qualitative		300	2 200
45	22/07/ 2019	Location vidéo projecteur		50	2 150
46	22/07/ 2019	Achat carburant N'sele		50	2 100
47	22/07/ 2019	Location salle N'sele		50	2 050
48	22/07/ 2019	Transport des participants		125	1 925
49	22/07/ 2019	Prime intervenants lancement officiel des activités		150	1 775
50	22/07/ 2019	Transport déplacement exploration intérieur		13	1 762
51	22/07/ 2019	Transport déplacement exploration intérieur		12	1 75
52	25/07/ 2019	Prime superviseurs et enquêteurs		240	1 510
53	29/07/ 2019	Prime Encodage de données		335	1 175
54	02/08/ 2019	Achats des unités		35	1 140
55	08/08/ 2019	Courses diverses		58	1 082
56	09/08/ 2019	Prime Enquête qualitative		970	112,
57	10/08/ 2019	Courses diverses		58	53
58	28/11/ 2019	Appro caisse svt CH GUI N° 5811421	9 005	0,00	9 058
59	06/11/ 2019	Remboursement Entretien et maintenance machines		125	8 933
60	28/11/ 2019	Prime cachets chercheurs jusqu'au dépouillement		1 300	7 633
61	28/11/ 2019	Prime cachets Enquêteurs/ Enquête quantitative		1 800	5 833

62	28/11/ 2019	Prime cachets des superviseurs		1 100	4 733
63	29/11/ 2019	Prime analyse-informaticien/ statistiques		750	3 983
64	02/12/ 2019	Cachet de Coordonnateur/ Investigateur principal		630	3 353
65	03/12/ 2019	Cachet rédaction Rapport de l'étude		250	3 10
66	06/12/ 2019	Entretien et maintenance machines		100	3 003
67	12/12/ 2019	Cachet rédaction Rapport de l'étude		250	2 753
68	21/12/ 2019	Achat carburant Mont-Ngafula		58	2 695
69	24/12/ 2019	Appro caisse svt CH GUI N° 5811422	5 245	41	7 898
70	26/12/ 2019	Achat carburant N'sele		41	7 857
71	27/12/ 2019	Complément exploitation de la documentation		1 200	6 657
72	28/12/ 2019	Cachet Equipe de discussion		200	6 457
73	28/12/ 2019	Prime cachets Analyse bi-variée de l'ensemble des données		1 100	5 357
74	28/12/ 2019	Couverture médiatique/ Journal		300	5 057
75	30/12/ 2019	Impression et brochage rapport final		1 080	3 977
76	30/12/ 2019	Communication		15	3 962
77	30/12/ 2019	Publication internet		200	3 762
Totaux et solde à reporter			**21 900**	**18 137**	**3 762**

Rapport général

Le rapport final est le document le plus détaillé, le plus complet qui retrace la genèse, l'évolution et la fin d'un projet. En ce qui concerne l'étude axée sur la pollution de l'air à Kinshasa, son rapport général est rendu dans un fascicule de 61 pages format A4.

Ce document renferme les matières suivantes : le contexte d'émanation de la thématique de l'étude ; les objectifs du projet ; la revue de la littérature ; la méthodologie de recherche suivie ; le dépouillement des données quantitatives ; la transcription des données de l'enquête qualitative ; le questionnaire d'enquête et le guide d'entretien utilisé ; les principaux résultats de l'étude ; les recommandations pour la réduction des risques de pollution de l'air à Kinshasa.

Après examen étalé sur une période de deux mois, de toutes ces pièces suivies des derniers échanges et compléments d'informations sur l'un ou l'autre point, le 16 juillet 2020, WSM a pu faire le contrôle final (évaluation) sur le projet Bruxelles International/CDS. Au finish, il a notifié les conclusions ci-après, à son partenaire CDS :

- toutes les pièces justificatives des activités accomplies sont réunies et éligibles ;
- les frais bancaires sont conformes au budget ;
- le rapport général bien articulé et fouillé ;
- le rapport narratif concis et édifiant.

Quel enseignement tiré au terme de la restitution de l'expérience des projets menée par la *Chaire de Dynamique Sociale* entre 2001 et 2021 ? La réponse à cette question nous mène à notre mot de la fin.

Conclusion

Arrivé au terme de cette réflexion pénétrante qui intervient à l'issue des vingt ans d'existence et d'activités menées par la *Chaire de Dynamique Sociale* dans un contexte, on le sait bien, peu ou pas propice au progrès d'un Centre de recherche qui se veut être interface université et société, une série de leçons et perspectives nous viennent à l'esprit.

En effet, pour bien agencer ce mot de la fin, il nous semble utile de cibler les aspects sur lesquels notre attention se trouve attirée. Le propos qui suit portera tour à tour sur la typologie d'activités, les piliers ou supports clés, les acquis, les limites et perspectives du Centre.

À propos des types d'activités, la CDS développe en son sein, complémentairement, la recherche fondamentale, la recherche action et la formation tournée vers le renforcement des capacités. Cette trilogie d'activités l'installe indéniablement dans son statut d'interface université et société.

Ces trois types d'activités servent aussi bien l'université dans sa quête permanente de la connaissance toujours vraie à conquérir sur base d'une méthodologie et épistémologie toujours actuelles, multidisciplinaires à chaque fois que cela s'impose. Cette tâche, la CDS l'assume pleinement et s'exprime au travers de sa revue internationale des Dynamiques Sociales dans le respect sans faille de sa périodicité.

S'agissant du volet formation, en vingt ans, le Centre a rendu d'immenses services à des chercheurs dont une vingtaine sont allés jusqu'au terme de leur formation doctorale grâce à l'encadrement dont ils ont été bénéficiaires à travers des séminaires post-universitaires de méthodologie, des rencontres thématiques, des conférences universitaires, des partages avec des chercheurs venus d'autres horizons, etc.

A ce groupe, s'ajoute celui des acteurs sociaux nécessiteux d'actualiser ou de renforcer leurs capacités suivant les filières corporatives où ils se rattachent. Une attention du Centre est portée à cette catégorie grâce à des appuis financiers ponctuels de la part de quelques institutions de coopération ou philanthropiques du monde.

Enfin, en ce qui concerne la recherche pour le développement, du reste au cœur de cet ouvrage, la CDS a des raisons de s'en féliciter, car partie de zéro moyen, zéro confiance, elle est devenue d'année en année, éligible au financement de ses projets de développement communautaire auprès des institutions parmi les plus crédibles au monde. Dans ce domaine, elle draine une expérience évidente bâtie sur le fond d'un corpus qui avoisine trente projets. C'est d'ailleurs dans ce registre que la présente publication trouve sa raison d'être. Vingt ans après, l'écolage de la CDS en matière de réalisation des projets de développement communautaire doit être salué avec fierté et faire fonder de gros espoirs dans le chef des personnes intéressées par la question.

La vie de la *Chaire de Dynamique Sociale* repose sur deux piliers majeurs bien entretenus par la longévité de sa direction et l'esprit de convivialité qui y règne.

Le premier pilier, c'est le type d'engagement personnel, la passion pour la recherche dont font montre les chercheurs de la CDS voici aujourd'hui, plus de deux décennies. Centre de recherche pourtant non subsidié, la CDS tire son épingle de jeu, persévère au travail. La qualité de sa revue aujourd'hui internationale, l'écho que le Centre renvoie à son environnement et au-delà, le respect rigoureux de ses engagements et de la périodicité de sa revue déjà effleurée ci-dessus en témoignent.

Sous cet angle, il ne reste plus qu'à évoquer la pratique installée-bien comprise (la participation aux frais de publication par les auteurs) qui ne suscite aucun atermoiement dans un contexte pourtant de dénuement, de déficit de pouvoir d'achat. Ce témoignage consacre comme qui dirait, l'adhésion de tous à contribuer à la promotion du débat scientifique. Tout un chacun, tient à se prendre en charge dans la mesure où en RDC, il n'existe pas de politique publique effective et efficiente dans ce secteur. C'est là le premier pilier qui porte, depuis vingt ans, la *Chaire de Dynamique Sociale.*

Quant à la seconde colonne, elle n'est pas à chercher loin, c'est le partenariat. Dès son lancement en 2001, la CDS a compris qu'elle devait chercher et heureusement, elle a progressivement trouvé des partenaires. De nos jours, on ne travaille plus à vase clos.

Dans ce secteur, le Centre a conclu d'une part, des partenariats institutionnels avec quelques instituts et centres de recherche et d'autre part, des collaborations ponctuelles, en termes de financement des projets avec des bailleurs de standard international. Ces fonds, permettent le moment venu, à chaque chercheur positionné dans l'étude, de trouver son compte et au centre lui-même, d'être servi à travers la rubrique de frais institutionnels qui, malheureusement, n'est pas toujours retenue par tous les sponsors. Des acquis visibles, l'immeuble-siège du Centre par exemple, se range dans ce lot.

C'est vrai que replacés dans le contexte où ils sont produits, les résultats enregistrés après les premières vingt années d'existence et d'activités de la CDS, suscitent davantage de la reconnaissance de la part de quiconque.

Cependant, vue de l'intérieur, la CDS fait face à plusieurs défis parmi lesquels, l'absence déjà évoquée de politique nationale favorable à la promotion de la recherche scientifique dans le pays, l'absence de subside de la part de l'autorité de tutelle en faveur du centre (ministère de la Recherche scientifique, Université de Kinshasa), l'absence d'autonomie financière, le déficit de culture de lecture dans le chef des universitaires congolais ne favorise pas l'augmentation du tirage des exemplaires par numéro, le devoir de libre accès auquel la version en ligne de sa revue est soumise, le coût élevé des intrants, la sous valorisation de l'expertise congolaise au regard des cachets payés aux chercheurs, le juste minimum qui marque le financement obtenu pour la réalisation des projets de développement communautaire, des calendriers parfois stressants de remise de rapport final d'une étude, etc.

Tout cela donc impacte le travail du Centre en le nivelant par le bas. Or, plus que jamais, la société congolaise a besoin des éclairages certifiés dans le choix des alternatives, les meilleures possibles, pour sa marche en avant.

Loin de capituler, la CDS surtout dans son statut d'Asbl, a le droit de compter sur le concours de tous et l'obligation de consolider ses acquis. Les expériences qu'elle n'arrête pas de partager avec ses homologues implantés sous d'autres cieux, alimentent sans cesse son expertise et son énergie qui l'aideront à faire face à des nouvelles batailles. Elle n'a qu'à continuer à forger son esprit d'innovation et d'abnégation pour se rendre davantage capable de surmonter des montagnes de défis à l'avenir. Son adhésion au Réseau National Multi-Acteurs de Protection Sociale en RDC, en est un atout de taille.

Cette publication qui renferme les principes, les pratiques et les finalités des projets de développement communautaire, servira à coup sûr, désormais, d'instruments de travail indispensables capables de révolutionner l'univers de ces projets en vue de rendre les acteurs sociaux aptes à la connaissance requise et éligibles au financement de leurs projets. Fort de tel acquis, il ne nous reste plus qu'à exhorter les acteurs sociaux à s'employer à pérenniser l'esprit managérial et démocratique, sans oublier la reconversion des mentalités de leurs membres en vue d'accompagner, de consolider les actions entreprises dans le secteur du développement communautaire en République Démocratique du Congo.

Bibliographie

Auteur anonyme, Fascicule module cinq de formation en projet de développement, Kinshasa, sd,

BACHELET R., *L'évaluation d'impact des projets,* Lille, Licence Creative Commons, 2008.

Banque mondiale., Séminaire de formation en suivi en suivi évaluation, Niger, 2008.

CASLEY, D.J., KUMAR, K., *Suivi et évaluation des projets agricoles*, Economica, Banque mondiale-FIDA-FAO, Baltimore, 1987.

Centre d'aide à la rédaction des travaux universitaires (CARTU) Université d'Ottawa, 2014.

CHAPLOWE SCOTT, G., « Planifier le suivi et l'évaluation. » Série de modules sur le S&E, Croix Rouge américaine/CRS. Washington, 2008.

Comité d'Aide au Développement, Principes pour l'évaluation de l'aide au développement, Paris, Organisation de Coopération et de Développement Économiques, 1991.

Congo, Dem. Rep. - Informal Survey 2010 ; 1-2-3 enquête sur le secteur informel au RDC (2004-2005)

FATANEH ZARINPOUSH, *Guide d'évaluation de projet à l'intention des organismes sans but lucratif,* Initiative Canadienne sur le bénévolat, Canada-Ontario-Toronto, 2006, pp.25-27

FONTIL, Nolex, Projet de développement communautaire en Haïti : Méthodologie d'analyse des besoins locaux, Master en Développement-Management de Projet, Université Senghor d'Alexandrie, 2009.

GBETOWENONMON KONYAOLE, J., Le suivi financier du projet de développement pendant son exécution ainsi que les procédures d'utilisation des Fonds Banque Mondiale, PNUD, UNICEF, mémoire de DEA en Ingénieur commercial, Ecole Supérieure de Commerce et de Management d'Afrique, 2001.

KAMTCHOUING NOUBISSI, P., La pratique du suivi évaluation dans les projets de développement au Cameroun, Master en Développement de Projets, Université Senghor d'Alexandrie, 2009.

KNOEPFEL P. et Münster M., *Guide des outils d'évaluation de projets selon le développement durable*, Berne, Office fédéral du développement territorial (ARE), 2004

LOMBO SEDZO L., Enquête menée dans la commune de Kasa-Vubu 1995-1996.

MADERS, H.P., CLET, E., *Pratiquer la conduite de projet*. Editions de L'organisation, 2005.

O'SHAUGHNESSY W., *La conception et l'évaluation de projet*, Suisse, Les Editions SMG, 2006

OUELLET S., Les défis de l'évaluation des projets et programmes de réseaux de changement social, mémoire de maitrise en Communication, Université du Québec à Montréal, 2006

SHOMBA KINYAMBA, S., (sous-dir.), *Manuel retraçant les trajets de création du Réseau National Multi-Acteurs de Protection Sociale en République Démocratique du Congo*, Kinshasa, M.E.S., 2021.

VERRIÈRE, V., Le suivi d'un projet de développement : démarche, dispositif, indicateurs, Paris, 2002.

Webographie

BOUTINET, J.-P., https://www.techno-science.net/glossaire-definition/Projet.html,

CANEVET, F., Les 6 étapes incontournables pour bien gérer un projet !, consulté sur https://www.conseilsmarketing.com/promotion-des-ventes/les-5-etapes-incontournables-pour-bien-gerer-un-projet/

https://modules-iae.univ-lille.fr/M06/cours/co/ch1_03_etape3_01_def.html,

https://wiki.labomedia.org/index.php/La_conception_d%27un_projet.html,

https://ww.ademe.fr/guides-fiches-pratiques

https://www.manager-go.com/gestion-de-projet/conception.htm,

https://www.securitepublique.gc.ca/cnt/cntrng-crm/crm-prvntn/tls-rsrcs/prjct-plnnng-fr.aspx#a04,

https://www.techno-science.net/glossaire-definition/Projet.html,

LEVRAT-PICTET, L., Mesurer l'impact d'un projet éducatif Une gestion de projet orientée résultats, Booster Bridge, 2017, consulté en ligne sur : https://www.education21.ch/sites/default/fiBooster%20Bridge.pdf

NEU, D., *Des outils pour programmer, suivre, évaluer et présenter ses projets : faciliter la mise en débat et se référer aux objectifs initiaux à chaque étape d'un projet*, http://www.gret.org/ressource/pdf

PNUD et FEM., Dossier d'information sur le suivi évaluation, consulté sur http://.undp.org/sgp/index.htm

Annexes

I. Liste des principaux projets conçus et exécutés par la CDS de 2007 à 2021

N°	**Bailleurs**	**Titre projet**	Durée
01	Enabel (ex. CTB)	Etude sur l'économie informelle à Mbuji Mayi et à Kisangani, 2020	6 mois
02	Onufemmes RDC	Le coaching, mentorat des jeunes filles militantes des partis politiques pour leur accession aux postes de décision, 2019	1 mois
03	Solidarité Mondiale et Cordaid	L'évaluation de l'impact des négociations collectives sur le travail et les travailleurs y compris la sous-traitance en République Démocratique du Congo, 2019	6 mois
04	Solidarité Mondiale	Lutte contre la pollution d'air et appui à l'autonomisation des femmes membres de la FEPAKIN par la promotion de l'agriculture et l'élevage à Kinshasa (communes de Mont-Ngafula et de N'sele), 2019	1 an
05	Solidarité Mondiale	Etude sur les activités de l'économie sociale du MOCC, génératrices de revenus, 2018	6 mois
06	Solidarité Mondiale (WSM-Belgique)	Réseau National Multi-Acteur/Protection Sociale en République Démocratique du Congo (RNMA/PS), 2017-2022	5 ans
07	Solidarité Mondiale	Etude des potentialités économiques et d'audiences politiques du MOCC en RDC, 2017	6 mois
08	Centre de Recherche pour le Développement International « CRDI », Canada et UKAID	Villes sûres et inclusives : La nature et les acteurs de la pauvreté, de la violence et des discriminations urbaines en RDC, 2013-2016	3 ans
09	Solidarité Mondiale	Rentabilisation de l'action féminine du MOCC, 2016	3 mois

10	Solidarité Mondiale	Etude sur la jeunesse ouvrière chrétienne (JOC), 2016	3 mois
11	Institut de Médecine Tropicale d'Anvers-Belgique	Étude d'évaluation de la situation des mutuelles de santé en RD Congo, 2016	3 mois
12	CTB	Observatoire du secteur informel à Kinshasa-RDC, 2016	6 mois
13	Solidarité Mondiale	Etude sur la rentabilisation et la pérennisation des coopératives d'épargne et de crédit du MOCC au Katanga et au Kwilu	6 mois
14	Fonds pour la Consolidation de la Paix/Ideaborn, Allemagne	Une initiative pour la prévention de la violence juvénile à Kinshasa, 2015	3 mois
15	Solidarité Mondiale	Étude des mutuelles de santé du MOCC, 2015	3 mois
16	CIDE-Canada	Promotion de la scolarisation des filles/programme du Ministère de l'EPSP, 2014	3 mois
17	PNMLS	Sensibilisation des jeunes pour un comportement sexuel responsable/*Ministère de la Santé Publique*, 2012-2013 ;	2 ans
18	BIT	De l'offre et de la demande des services financiers (IMF) pour les jeunes entrepreneurs du Katanga, 2012-2013	1,5 mois
19	CTB	Evaluation de l'impact de la distribution des nouveaux programmes et livres de calcul et de français sur la formation des élèves du degré élémentaire des écoles primaires de la RDC, 2012	6 mois
20	Ministère Flamand de la Coopération	Chine-Belgique-Congo sur les investissements occidentaux et chinois en RDC, 2011	6 mois
21	VLIR	Mobiliser la richesse des pauvres par la recherche appliquée et l'enseignement, 2010-2012	2 ans

22	VLIR	Secteur informel comme moyen de lutte contre la pauvreté en RDC, 2010	6 mois
23	VLIR	Renforcement de la participation de la société civile au développement durable en RD Congo par l'appui de la recherche appliquée sur la société civile, 2009-2010 ;	1 an
24	Union Européenne	Debout *maman malewa* : lutte contre la pauvreté par le renforcement des capacités des restauratrices de rues de Kinshasa, 2009 ;	1 an
25	VVOB	Evaluation des écoles appuyées par VVOB dans la Province Orientale, 2009	1,5 mois
26	Solidarité Mondiale, Ong internationale Belge	Projet construction immeuble CDS, 2009-2010	1,5 an
27	CTB et Hiva KU Leuven	Projet équipements de la CDS, 2008	3 mois
28	Coopération Universitaire KU Leuven	Projet création site web CDS, 2009	1 mois
29	Fonds belge de survie	Évaluation de l'appui du CDI-Bwamanda aux paysans défavorisés du Nord Equateur dans la lutte contre la pauvreté, 2008	1,5 mois
30	Confédération Syndicale du Congo	Contraintes environnementales sur le rendement professionnel en RD Congo, 2008	1,5 mois
31	CDI Everley-Belgique	Evaluation de Proyaka, Province de Bandundu, 2008	3 mois
32	Gouvernement Flamand	Renforcement des capacités de la société civile au développement de la RD Congo, 2007	1 mois

LISTE DES CHERCHEURS IMPLIQUÉS DANS LA CONCEPTION DES PROJETS, ANALYSE OU COLLECTE DES DONNÉES DES ENQUÊTES SOCIALES ORGANISÉES PAR LA CDS[64] :

Abanati Gbadi Éric (Science diplomatique, Kisangani, E)
Akaci Bijou (Commercialiste, Mbuji-Mayi, E)
Amba Nadège (Science diplomatique, Kinshasa, E)
Batamba Antoine (Economiste, Kinshasa, C + E)
Beke Lofembe (Science diplomatique, Kinshasa, A)
Bimuala Ashley (Juriste, Kinshasa, E)
Bisalu Gaby (Communicologue, Kinshasa, E)
Bolima William (Sociologue, Kinshasa, E)
Bombolo Ikanga (Politologue-administrativiste, Kinshasa, E)
Cimpaka Germain (Juriste, Mbuji-Mayi, E)
Develtere Patrick (Sociologue, Louvain, C)
Diamba Otshudi Jacques (Ingénieur, Lubumbashi, E)
Dunia Martin (Démographe, Kinshasa, C + E)
Ehota Paul-Valery (Sociologue, Kinshasa, E)
Ekala Xavier (Sociologue, Kinshasa, A)
Eke Maurice (Sociologue, Kinshasa, E)
Esenge Véronique (Infirmière, Kinshasa, E)
Fatu Jacques (Politologue-anthropologue, Kinshasa, E)
Fono Antoinette (infirmière, Kinshasa, E)
Fonteneau Bénédicte (Economiste, Louvain, C)
Ikonso Mwengi (Agronome, Kinshasa, E)
Inswan Bidum Pierre (Sociologue, Kinshasa, A)
Isako Loma Chico (Sociologue, Kisangani, E)
Iyaka Cléophas (Historien, Kinshasa, A)
Kabuya Mulamba Bruno (Economiste, Kinshasa, E)
Kalamba Gilbert (Sociologue, Lubumbashi, E)
Kaminar Théo-Macaire (Politologue-administrativiste, Kinshasa, A)
Kandolo Edungu Michel (Langue et civilisation françaises, Kinshasa, E)

[64] Légende : C (concepteur) ; A (analyste) ; E (enquêteur)

Kankolongo wa Mbombo Matthieu (Politologue-administrativiste, Mbuji-Mayi, E)
Kayembe Jacques (Economiste, Kinshasa, E)
Kayembe Katayi Delphin (Anthropologue, Kinshasa, C)
Kinkela (Agronome, Kinshasa, C)
Lomami Shomba (Juriste, Ottawa, A)
Losolo Cécile (Journaliste, Kisangani, E)
Mbombo Mujani Mireille (Sociologue, Kinshasa, E)
Mbalanda Willy (Sociologue, Kinshasa, C)
Mbelu Lea Mimie (Science diplomatique, Mbuji-Mayi, E)
Mbuka Egide (Kinshasa, E)
Mimboro Léon (Sociologue, Kinshasa, A)
Mitongo Lumbala Margueritte (Médecin, Mbuji-Mayi, E)
Mokonda André (Physicien, Lubumbashi, E)
Mondo Ntimansiemi Ange (Economiste-Informaticien, Kinshasa, E)
Mpiana Tshitenge (Sociologue, Kinshasa, A)
Mukoka Nsenda François (Politologue-administrativiste, Kinshasa, A)
Mulamba Ahakombo Gisèle (infirmière, Kinshasa, E)
Mulamba Feza Ingrid (Sociologue, Kinshasa, C)
Mulamba Katoka (Sociologue, Kinshasa, A + E)
Mulamba Landry (Economiste, Kinshasa, E)
Mulamba Tshondo Joseph (Anthropologue, Kinshasa, A)
Mwande Baswa Alpha (Sociologue, Kisangani, E)
Mwene Batende Gaston (Sociologue, Kinshasa, A)
Ndeke Nzamba Casimir (Sociologue, Kisangani, A)
Ngando Jackie (Médecin, Kinshasa, E)
Nkuanzaka Inzaza Adélard ((Sociologue, Kinshasa, A)
Nzee Soke René (Sociologue, Kinshasa, C)
Obotela Rachidi (Historien, Kinshasa, C)
Olela Donat (Economiste, Kinshasa, E)
Olela Nonga Donatien (Sociologue, Kinshasa, C)
Omba Tshondo (Anthropologie, Kinshasa, E)
Ongevalle Jan (Economiste, Louvain, C)
Osembe Lukadi Jerôme (Politologue, juriste, Kinshasa, A)
Osokonda Okenge Basile (Anthropologue, Kinshasa, A)
Otshudiema Lundola Damien (Sociologue, Mbandaka, E)
Pollet Ignace (Economiste, Louvain, C)

Sangana Clémentine (Sociologue, Kinshasa, A)
Senga Junior (Math-Informaticien, Kinshasa, E)
Shomba Kinyamba Sylvain (Anthropologue/Sociologue, Kinshasa, C)
Shomba Kinyamba Sylvain Junior (Economiste, Belgique, A)
Tshibwabwa Franck (Sociologue, Kinshasa, E)
Tshimanga Donat (Sociologue, Kinshasa, E)
Tshonda Carine (Communicologue, Kinshasa, E)
Wale Joseph (Politologue-administrativiste, Kinshasa, E)
Wingenga Jeannot (Sociologue, Kinshasa, A)
Yakusu Albert (Sociologue, Kinshasa, E)
Zimango Gama Romain (Sociologue, Kinshasa, C)

Table des matières

Structures éditoriales du groupe L'Harmattan

L'Harmattan Italie
Via degli Artisti, 15
10124 Torino
harmattan.italia@gmail.com

L'Harmattan Hongrie
Kossuth l. u. 14-16.
1053 Budapest
harmattan@harmattan.hu

L'Harmattan Sénégal
10 VDN en face Mermoz
BP 45034 Dakar-Fann
senharmattan@gmail.com

L'Harmattan Cameroun
TSINGA/FECAFOOT
BP 11486 Yaoundé
inkoukam@gmail.com

L'Harmattan Burkina Faso
Achille Somé – tengnule@hotmail.fr

L'Harmattan Guinée
Almamya, rue KA 028 OKB Agency
BP 3470 Conakry
harmattanguinee@yahoo.fr

L'Harmattan RDC
185, avenue Nyangwe
Commune de Lingwala – Kinshasa
matangilamusadila@yahoo.fr

L'Harmattan Congo
219, avenue Nelson Mandela
BP 2874 Brazzaville
harmattan.congo@yahoo.fr

L'Harmattan Mali
ACI 2000 - Immeuble Mgr Jean Marie Cisse
Bureau 10
BP 145 Bamako-Mali
mali@harmattan.fr

L'Harmattan Togo
Djidjole – Lomé
Maison Amela
face EPP BATOME
ddamela@aol.com

L'Harmattan Côte d'Ivoire
Résidence Karl – Cité des Arts
Abidjan-Cocody
03 BP 1588 Abidjan
espace_harmattan.ci@hotmail.fr

Nos librairies en France

Librairie internationale
16, rue des Écoles
75005 Paris
librairie.internationale@harmattan.fr
01 40 46 79 11
www.librairieharmattan.com

Librairie des savoirs
21, rue des Écoles
75005 Paris
librairie.sh@harmattan.fr
01 46 34 13 71
www.librairieharmattansh.com

Librairie Le Lucernaire
53, rue Notre-Dame-des-Champs
75006 Paris
librairie@lucernaire.fr
01 42 22 67 13